同文書庫·厦門文獻系列 第五輯

陳化成抗英事略

陳世鎔·輯

厦门大学出版社
XIAMEN UNIVERSITY PRESS
国家一级出版社
全国百佳图书出版单位

图书在版编目（CIP）数据

陈化成抗英事略 / 陈世镕辑. -- 厦门 ：厦门大学出版社，2022.12
（同文书库. 厦门文献系列. 第五辑）
ISBN 978-7-5615-7951-0

Ⅰ. ①陈… Ⅱ. ①陈… Ⅲ. ①陈化成(1776－1842)－抗英斗争－史料 Ⅳ. ①K253.1

中国版本图书馆CIP数据核字(2020)第212031号

出 版 人 郑文礼
责任编辑 薛鹏志 章木良
封面设计 李嘉彬
技术编辑 朱 楷

出版发行 厦门大学出版社
社 址 厦门市软件园二期望海路 39 号
邮政编码 361008
总 编 办 0592-2182177 0592-2181253(传真)
营销中心 0592-2184458 0592-2181365
网 址 http://www.xmupress.com
邮 箱 xmupress@126.com
印 刷 厦门集大印刷有限公司

开本 787 mm×1 092 mm 1/16
印张 14
插页 3
字数 200 千字
版次 2022 年 12 月第 1 版
印次 2022 年 12 月第 1 次印刷
定价 160.00 元

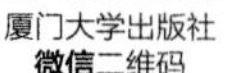

厦门大学出版社
微博二维码

目錄

前言

陳化成，字業章，號蓮峰，福建厦門同安丙洲人（現厦門市同安區西柯鎮丙洲社區），是我國近代抗英民族英雄。陳化成出身行伍，以軍功累任至福建水師提督，鴉片戰爭前夕，調任江南提督，鎮守吳淞口。一八四二年六月十六日，英國侵略軍進攻吳淞，他親自在西炮臺督戰，重創敵艦，嗣因東炮臺失守，孤軍援絕，最後以身殉國。

陳化成為國犧牲後，朝野震悼。朝廷賜祭葬，謚『忠愍』。民間多繪像崇拜，閩南和江浙地區的同鄉僚友、詩人文士紛紛寫詩作文歌頌他、紀念他，在正史和與之有關地方的史籍上，也留下他勇於抵抗外侮的英勇事蹟，藉以弘揚他那種忠於國家、忠於職守的高尚精神。

清代已經有人將這些詩文作品搜集整理出來，題為《表忠錄》，於清咸豐二年（一八五二）付梓傳世。《表忠錄》共四卷。

《表忠錄》第一卷包括『諭祭銘文』和『表忠記實』兩個部分。『諭祭銘文』由《諭祭文》《御制碑文》和蘇廷玉所撰《大清建威將軍江南提督忠愍陳公神道碑》及《皇清誥授建威將軍江南提督忠愍陳公墓誌銘》組成。『表忠記實』輯錄黄樹滋所撰《陳忠愍公殉節始末記》，姚瑩的《陳忠愍小傳》。

中間附有練廷璜為遺像所題引首『陳忠愍公遺像』六字，及遺像和阮元、梅曾亮、龍秀等三段觀款。

第二卷主要是蘇廷玉、楊慶琛等閩籍僚友、士人為陳化成畫像題詠的作品四十五篇，大部分手跡原件都保留在廈門市圖書館館藏的《陳忠愍公遺像詩卷》裏面。這一卷的特點是：作者不少是享有盛譽的詩書名家，其中多數或與陳化成有深厚的鄉誼，或素有交往，如蘇廷玉、梁章鉅、陳慶鏞等都與陳化成同在江南等處擔任要職，所以他們的作品沉痛激蕩，沁人心脾，往往附有罕見的第一手史料，足資參考。

第三卷為蔣如洵、李雲棟等士人悼念陳化成的詩詞六十三篇。從所署名款來看，作者基本上為寶山縣籍，成分為署縣學訓導、舉人、歲貢、庠生等等。這些作品當是陳化成殉難後在嘉定武廟治理喪事時，當地民眾主動設奠哭祭時所作的悼詩選輯。

第四卷由劉國標哀詞兼詩兩首、《表忠崇義集》上下兩集共詩詞一〇四篇和補編詩詞十二篇（其中詞三闋）組成。這些詩作創作時間稍晚，大約在《南京條約》簽訂前後。作者的里居以上海、崇明、華亭和嘉定為主，也有小部分來自周圍的蘇州、常熟、震澤等地。這一卷以劉國標的作品為卷首。劉國標，安徽太湖人，武進士出身。吳淞口保衛戰中他奮不顧身保護陳化成的忠骸，因而他也得到社會的贊許。詩人們不僅哀悼和讚揚陳化成、劉國標的忠烈和義勇，同時還大膽地抨擊朝廷的腐敗無能，因而這一卷詩作在全書中，無論在思想性还是藝術性方面，都別具特色。

由於歷時久遠，加上種種原因，這部《表忠錄》存世很少。一九五九年，福州籍寓滬的陳世鎔先生採擷群籍，纂成《陳化成抗英事略》手抄稿一書，由廈門市圖書館收藏。今者，『同文書庫・廈門文獻系列』第五輯，決定收錄《陳化成抗英事略》為其中之一種，並予以重印。

《陳化成抗英事略》手抄稿本不分卷，共二百頁，頁十二行，字跡端正，抄在印製有『廈門市圖書館抄本』的箋紙上，很可能是原稿的謄錄本。其內容有以下九部分：一、諭祭銘文（道光皇帝諭祭文、陳化成神道碑文、陳化成墓誌銘。二、表忠記實（黃樹滋《陳忠愍公殉節始末記》、姚瑩《陳忠愍小傳》）。三、遺像題詩（以蘇廷玉、楊慶琛等爲代表的閩籍僚友、士人的題詩詞四十六篇）。四、江浙士人題詩（如蔣如洵、李雲棟等悼念詩詞六十三篇）。五、劉國標哀詞兼詩兩首。六、《表忠崇義集》上詩詞六十一篇。七、《表忠崇義集》下詩詞四十篇，詞三篇。八、《表忠崇義集補編》詩詞十二篇（附廈門詩人王步蟾、呂澄、李禧的詩五首）。九、附錄（文獻摘錄二十七篇）。

《陳化成抗英事略》手抄稿本的內容，除其『附錄（文獻摘錄二十七篇）』和《表忠崇義集補編》所附廈門詩人王步蟾、呂澄、李禧的詩之外，全部抄自《表忠錄》。

這兩部文獻稍有不同之處，有以下幾點：一、『諭祭銘文』之後，《陳化成抗英事略》缺少《表忠錄》所附練廷璜為遺像所題引首『陳忠愍公遺像』六字，及遺像和阮元、梅曾亮、龍秀等三段觀款，這是因為它是手抄本，無法複製。二、《陳化成抗英事略》有一篇同治癸亥（一八六三）沔陽周揆源的七古，為《表忠錄》所沒有。此外還有個別詩篇的次序不一。三、《陳化成抗英事略》從蔣如洵的《忠愍陳公哀詞四十韻》到陸以鈞的七古長詩（即《表忠錄》第三卷全卷）的每篇作品皆無題目，而一概標以『又』字。《表忠錄》恰恰相反。這說明《表忠錄》很可能還有其他版本。

廈門市圖書館的曾舒怡幫我從二〇一七年浙江古籍出版社的《孫衣言集・赴皖日記》找到一條

線索，該日記的同治元年（一八六二）八月初九日條記載：『陳參戎見示《表忠錄》，參戎尊人忠愍公化成以道光二十一年為江南水師提督，英夷寇松江，死之。恤贈甚厚。一時以詩文紀事者尤多。參戎合為一編，冠以御制碑文、諭祭文，而附列墓碑、像贊及諸家題詠於其後，謂之《表忠錄》，凡四卷，卷中張亨父五言古詩一首，沈鬱頓挫，近杜子美，當為最佳。練笠人予未知其能詩，然此卷中所存七言古詩一首，亦老境也。』今查明這位在閩安任參將的，是陳化成的第五子廷荃，號蔭塘，他在光緒《金門志》所載職官為『閩安左營都司』。然而，不知何故，《表忠錄》與《陳化成抗英事略》除了其中《表忠崇義集》上、下為『上海印經、陳兆奎、戴寶琦手錄』以外，均不載編者名諱。

與《表忠錄》相比較，《陳化成抗英事略》更具有史料價值。其經過編輯『采擷群籍』而成的『附錄』，共有文獻摘錄二十七篇。茲臚列其所選資料的文獻目錄如下：

一、喬重禧：《夷難日記》；二、不老老翁：《鎖城日誌》；三、曹晟：《十三日備嘗記》；四、袁陶愚：《壬寅聞見紀略》；五、俞樾：同治《上海縣志》卷十一『兵防』；六、梁蒲貴等：光緒《寶山縣志》卷六『兵制』；七、劉長華：《鴉片戰爭史料》；八、不著撰人：《夷艘入寇記》下；九、道光朝《籌辦夷務始末》卷五〇第二十六至二十八葉；十、道光朝《東華續錄》卷四十五；十一、楊秉杞：《吳淞陳亡六忠事》，轉引自夏燮《中西紀事》卷二十四『海疆殉難記・吳淞殉難』；十二、王韜：《瀛壖雜志》卷三，第三十五葉；十三、淮陰百一居士：《壺天錄》卷上，第十六葉；十四、同上，第十七葉；十五、怡雲軒主人輯：《平夷錄・軍門陳公殉節記》；十六、袁翼：《江南提督陳忠愍公殉節略》；十七、王拯：《龍壁山房文集》卷五，『陳將軍畫像記』；十八、賓漢著，壽紀瑜譯：《英軍在華作戰記》，轉引自《鴉片戰爭資料》第五册，第二九七至二九八頁；十九、日本人撰，湯睿譯：《英人強賣鴉片記》，轉引自《鴉片戰爭資料》第六册，第二二五至二二六頁；二十、雷葆廉：《陳軍門小傳》；二十一、貝青喬：《咄咄吟》卷下；二十二、吳嗛：《吳淞口》，轉引自《潰癰流毒》；二十三、謝蘭生：《思忠錄類選》卷上第二葉《吳淞口江南軍門陳化成死之》；二十四、金和：《來雲閣詩・陳忠愍公死事詩》；二十五、蔣敦復：《嘯古堂文集》卷六，第二十八葉，《書寶山列女死夷難本末》；二十六、王汝丰：《馥芬居日記》第十一葉；二十七、王文思：《恕堂存稿》，『王安甫年譜手編自題』。

這些史料大多出自中國近代史資料叢刊、《鴉片戰爭》（第六册）和相關的清代筆記，是研究陳化成吳淞殉國最翔實的資料。當今除中國第一歷史檔案館和臺北故宫博物院檔案館所藏的陳化成各個時期有關的奏摺和其他檔案外，應該説《陳化成抗英事略》的『附錄』，已經足以讓後人全面瞭解陳化成的愛國事蹟。

《陳化成抗英事略》原有前序、後跋各一篇。兹根據一九九二年厦門大學出版社的《陳化成研究》書後所錄的序跋，附於文後。俾讀者諸君知其書名原為《陳化成事蹟匯輯》，後被易為今名。編纂完成於一九五九年。今又獲知編者陳世鎔（一八九九—一九六二），字趙亭，號伯冶，福建福州人，民國時期為説詩社、托社詩人。後寓居上海、蘇州，晚年輯成《福州西湖宛在堂詩龕徵錄》二十卷等。於是一併錄於此，以志其賢勞。

壬寅穀雨之日，何丙仲識於雲頂岩麓之一燈精舍

附錄：

《陳化成事蹟匯輯》序言

清道光二十二年，英人犯寶山。同安陳公化成提督江南，率師守吳淞，以身殉焉，時五月初八日也。事見蘇廷玉所撰《神道碑》，及清《宣宗實錄》、同治《上海縣志》、光緒《寶山縣志》，而《清史列傳》作道光二十四年，民國《福建通志》作道光二十三年，皆誤也。公出身行伍，顧篤嗜書史。於馬援銅柱則喜其成，於岳飛金牌則憤其敗。張際亮賦公死事詩有『風流偶裘帶，儒雅即超絕』之句，蓋紀實也。公之駐海堧也，寒暑居一小布卡，與海塘民若鄰里然。民有擔糞過卡門者，兵叱之，公曰：『農工灌溉第一要務，我輩安然食糧，彼血汗淋漓，而尚叱之乎！』乃責兵。其居節鉞之尊，未嘗忘稼穡之難也，蓋如此。公之授命也，英人懸重金求公屍，將厚葬之，不可得。迨和議成，卒乙太牢奠公。夫以公之忠貞，豈饗其祭？然足以格敵人，感異類，抑尤難矣。凡茲事蹟，皆為史冊志乘所失載。爰采群籍，纂成此編，俾後之人欽公風誼，有所徵焉！

西元一九五九年七月十八日，陳世鎔識於滬上寓樓

《陳化成事蹟匯輯》跋

福州　陳海瀛

有能為國家、為人民，舍其身以捍外患，死且不悔，永為後人所慕思而屍祝者。清道光間，陳忠愍公

死於英兵犯吳淞之役，其一人也。吳淞東西炮臺各一，兩江總督牛鑒守東炮臺。公以江南提督率參將周世榮守西炮臺。敵艦洞知東炮臺無備，並力攻西炮臺。牛鑒詒公曰：『敵勢張，不如犒師以緩之。』公謂於義不可。一夕，公語世榮曰：『吾與汝福皆不薄。』世榮愕然。公曰：『詰朝戰而勝，則受上賞。不勝戰死，亦且不朽。非福而何？』是公早有必死之心矣。及戰，敵艦排江至，彈如雨集。西炮臺所發炮，多碎磚聲。蓋公未至吳淞前，世榮鑄炮子以磚塊雜糅其中，公弗知也。方奮勇督戰，而東路兵已潰，棄炮走。敵乃攻公益急。世榮請公棄守，公拔劍叱之。世榮慚而退，逕自跳去。敵登岸，發炮中公顛，公猶強起，手燃巨炮，創種噴血死。武進士劉國標負公屍，掩諸叢葦中。事定後，寶山人覓得其處，始具棺葬之。敵既入城，置酒大會，舉卮相語曰：『此行良險！使有兩陳公，安能至此哉！』求公屍不得，為位元祭乙太牢。其能使敵人驚服也乃如此。公平日治兵嚴，軍行所至，無踐及田間果穀者。嘗有擔屎鄉民過公駐兵處，衛士叱之。公曰：『農民終歲辛勤，我輩安坐食糧，何叱為？』於此，見其愛民之一端云。

陳子趙亭，既匯輯公事蹟，自蘇州以書抵余，屬識數言。嗚呼！公雖死，正氣猶凜凜不可犯，洵足以愧世之戰陣無勇、靦顏偷生者。是役也，能戰敢戰者，獨公一人。東炮臺既無鬥志，西炮臺炮又失效，公死必矣！然公名亦千古矣。

公福建同安人，名化成，字蓮峰，謚曰忠愍。

陳化成抗英事略

諭祭文

朕惟立功報國良臣能致其身賜卹褒忠曠典用昭其節惟精誠之克矢斯寵予之尤隆爾原任江南提督陳化成謀裕六韜勞經百戰初隨行伍歷任水師迭書卅載之勳屢擒渠馘允是萬人之敵洊陟軍門邇以釜底魚游井中蛙聚念海氛之未靖資國士以專征霹靂飛聲申天威而討賊風雲列陣據地勢以鏖兵虜已在其目中氣能吞乎海外三軍賈勇丈人叶地水之占七月衝鋒壯士固寶山之守賊鯨鯢其待掃師貔虎以無前重寄攸關相持不懈何意吳淞駛進方肆逆而逞兇大樹飄零竟捐軀而殉難忠魂邈矣生氣凜然覽奏傷心爲之涕隕酬大勳而蔭其子特沛殊恩發內帑以卹其家頻頒鉅典陷居極地祀立專祠於戲俎豆馨香用厲忠良而易名兩字粵閩江浙垂功烈而炳節千秋靈如有知尚其來格

御製碑文

朕惟折衝禦侮覆危而果毅斯昭取義成仁歷久而精誠益顯將帥志存敵愾任重干城國家典懋旌忠名垂竹帛爾原任江南提督陳化成赳桓素著韜略能精早歷戎行備嫻水戰習往來於海島竹箭波恬擒嘯聚於江洋萑苻澤靖制勝則羣推膽識論功而洊晉頭銜駛下瀨之樓船鷁飛比迅建中軍之旗鼓狼燧無驚爰資保障於巖疆久播聲威於渤澥閩南開府疊寬展覲之期江左移防更賴宣勤之力乃者夷氛騷動逆燄鴟張允宜大受創懲庶可潛消窺伺惟爾援枹氣奮擐甲躬先冒矢石以衝鋒覩旌旗之變色火器則雷轟電掣山嶽崩頹舟師則雨驟風馳波濤震撼賈餘勇以申士氣揆先機以懾敵情方期貔虎前驅鯨鯢就戮何意犬羊突陷猿鶴同悲七日相持一身竟殞眷思臣節彌愴朕心星落營張感飄零於大樹雲寒鼓角懷捍衛於長城象厥生平謚爲忠愍於戲奠忠魂而隆廟貌凜凜如生蔭後嗣以振家聲繩繩勿替豐碑屹立巽命欽承

大清建威將軍江南提督忠愍陳公神道碑

道光二十有二年五月初八日江南提督陳公帥師防夷戰於吳淞死之事

聞

上震悼

命地方官經紀其喪以歸

賜祭葬如禮仍加賞帑金一千兩

賜謚忠愍入祀昭忠祠殉難處所及原籍各建專祠子親子廷芳騎都尉兼

雲騎尉世襲恩騎尉　因替廷棻舉人一體會試孫振世及歲時送

部引

見仰見

天子篤念忠貞賞延後嗣恩禮稠疊　動天下嗚呼黑海紫瀾丹心碧血雷

霆激星隕雲霾天下知與不知莫不盡傷哀慟以為砥柱遽傾誰挽

頹波於既倒也自英夷犯順以來以提督死事者二人然虎門之役關公天培僅以師潰自刎耳惟公在吳淞則手燃巨礮擊沉英船六隻殲斃夷匪千餘人使當時右師不奔連營犄角一乃心力則翦滅鯨鯢掃盡欃槍在此一舉而乃相率圖走莫肯爲一手之援卒使孤忠者身經百創自效命於疆場馬革聞也嗚呼海國之局至斯而一變矣雖曰天意豈非人事哉今年公子廷芳等將扶柩葬於金榜山之麓以狀來請神道碑文廷玉公鄉人又故交也不敢以不文辭公諱化成字業章號蓮峰泉州同安縣人曾祖欽有隱德祖青雲父鳴皋俱邑庠生三世贈如公官公幼端重智勇過人尚氣節嘗慨慕古名臣風烈善論史談及馬伏波銅柱則喜其成岳忠武金牌則怨其敗憤懣哭泣如身爲之有擔當宇宙氣概年二十二入伍籍拔補水師額外連殺賊起生擒三十五人斬斃五人馘其耳五人功最拔外委嘉慶六年冬李忠毅督

閩師一見大奇之曰此名將才也命麾下善視之公又俘盜許鈁等七人於竿塘洋攻盜劉暹等於白犬洋額角被盜刀傷七年拔把總蔡爺等擄橫山洋公燬其船二林以路等據四嶼洋公獲其船五公追捕及浙之南麂洋擒施堅等十六人十年又六月李忠毅在青龍港洋面命公戰艦隨行公即生擒盜彭求等十八人忠毅顧而喜之拔千總十一年蔡牽陷鳳山破洲仔尾鑿巨舟塞鹿耳門阻絕外援忠毅扼隘口命公登陸遶出其腹背夾攻之毀其巢牽勢蹙乘潮發從北汕遁公遍海窮搜在崇武洋外獲其黨陳見等五人在水澳獲巨盜蔡三來一船在三盤外洋獲王元等五人十二年二月在粵洋首先衝攏蔡牽坐船牽擲火斗燒公兩足四月擊之目門洋擒艇匪李伍等八人十一月攻牽幫船於浮鷹洋獲其舟一獲其匪黃類等二十斬其首六級忠毅列其事以聞十二月陞銅山守備是月也忠毅以死勤事殁於廣東黑水洋蔡牽賊艘僅三舟皆公協捕出力翦其羽翼之効也越二年蔡牽逆平敘功不公公恬然安之若罔聞也識者難之十五年擢

盜陳順等十二人於烏坵洋陞海壇游擊十七年獲盜陳煌吳降二人於

河洲嶼獲盜陳氏等十六人於柑橘洋斬其首一射殪一沉其舟一奉

旨以將弁記名候陞十九年燬前村賊舟三俘林普郎等十四人并器械礮火無數

時有逸犯林雁林清匿在柏頭里巨犯郭宇林蔭匿在秧厝里公汛皆偵知

手擒之置之法補烽火門參將

今上即位元年陞澎湖副將三年五月調臺灣副將八月陞廣東碣石總兵十二月

調金門總兵六年五月臺灣匪徒滋事公帶兵前往堵捕旋調臺灣總

兵十年二月授福建水師提督公以廈門原籍奏請迴避奉

旨毋庸迴避十一年

召見四次

聖訓溫諭有身經百戰勇敢萬人宜膺重任之語十九年督緝弁兵出洋在東

椗外洋獲盜匪曾勝仁等三十七人公在廈提軍凡十年海波不揚即

有一二小醜皆隨時撲滅無敢有跋浪其閒也蓋公之素以殺賊稱能先聲奪人有以華其心而讋其志也五十年調江南提督

召見特面陳夷不足平

天子嘉其勇敢命之往既抵吳不入官署即駐吳淞海口不入行署在戎帳中與士卒同薪膽者三年己而乍浦警報至公度其必竄入吳淞也即率偏裨與同官誓師奮臂大呼曰化成經歷海洋凡五十年身在礮彈中又死出生難以數計耳人莫不有一死為國而死死亦何妨我無畏死之心則賊無不滅矣況賊所恃在礮我即以礮制之西臺發礮東臺應之使賊亦顧此失彼掩耳不及勝仗可立決也無何西臺火熖蔽空而東臺望風散矣東臺散而西臺之公死矣効用劉國標藏公尸葦蕩中嘉定令練廷璜募死士覓得之逾十日而公面目如生怒視不瞑嗚呼公已死矣而何以不瞑公不滅賊公之所以不瞑也公不滅賊而竟死於賊公之所以不

瞑也公死於賊而又念自公死後竟無人可以滅賊公之所以逾不瞑也功立垂成敗於同官公乃蓄志而死公乃抱恨而死公在九原宜刺骨深痛無窮也

天語垂問臣工屢爲揮淚舟棹所過江南士民排巷祭爲位哭者數十百萬人至今夷人就撫尚贊歎不已曰如此好將軍自入中華來所未見也嗚呼吾鄉自李忠毅公歿後於今二十六年矣公與忠毅里居相望名位相同而其忠烈之節亦後先相繼豈吾鄉山川磊落之氣代多偉人乎抑名將之生上關

國家氣運而不得以地限之乎嗚呼浩然之氣不待生而存不隨死而亡下則爲河嶽上則爲日星而磅礴凜烈沛乎其不可遏者直橫塞乎蒼冥而豈有極哉死之日距生之日爲乾隆丙申年三月十二日春秋六十有七初娶吳氏繼娶曾氏側室康氏子七人長廷瑛爲福建水師千總次廷華浙江錢

塘水師都司而先公卒廷芳襲世職廷棻

欽賜舉人廷芸曾氏出廷荃廷蔚康氏出女一適舉人吳江孫宮璧孫五人振聲

振興振作宜貞振世其詞曰天生工將毗代作楨東南海澨峙為長城天不

死公鯨孽一空天竟死公罔奏膚功

天子曰吁爾謀獨訏爾竟授命爾竟捐軀茫茫巨浪莫息天吳有誰擊楫有

誰執枹念爾藎臣難續百身爾志何遂爾目何瞑昔事

先皇斬蛟重洋廓清掃蕩潮汐星霜越余在位重闢攸寄為余腹心豈徒

指臂環顧百僚如爾無兩爾支大廈爾鳴孤掌采薇出車歌詩可廢忍

聽鼓鼙興師敵愾其命部曹書勳書勞鼎鐘騰美山松嶽爭高嘉爾

神勇愍爾精忠易名定謚恤後飾終匪云酬庸用紀宗功以勵來者

禦海折衝

恩綸疊至合祀專祠公死不死公如生時熱血滿腔英靈千古

國事孔殷忠魂來補

同里舊史官蘇廷玉撰

皇清誥授建威將軍江南提督忠愍陳公墓誌銘

賜進士出身

誥授光祿大夫兵部侍郎都察院右副都御史四川總督

愚弟蘇廷玉頓首拜撰

自英夷入寇以提督死事者二人廣東之虎門曰關天培江南之吳淞則陳忠愍也虎門之失兵將潰散關提軍義不欲生自刎以殉忠愍則礮沉夷艘六隻斃夷醜千餘人夷酋令懸黑旗欲遁而一礮飛來身受百創洞胸者三公遂仆而兵散夷艘反旆內陷寶山上海標下武舉劉國標負公屍匿葦蕩中越十餘日署嘉定縣練廷璜求得公屍滌其泥污面色如生怒目未瞑易衣入殮吳淞數萬民遮道哭失聲僉以公為海國長城公不死已成大功不但吳淞不能破寶山上海不能陷而夷艘斷不破鎮江逼江寗矣然則公之死生關係

國家甚重豈獨江南一方哉或謂英夷逼吳淞時總督牛鑑與總兵王志元守東礮臺公守西礮臺當礮聲互發如連珠時牛鑑王志元遁而西礮臺兵弁恃公無恐奮勇前敵咸歸罪於牛鑑王志元之右師先遁而公乃孤軍無援僅以報國者悲矣然公不死則夷艘遁公之功可成

國家之威亦振乃功敗垂成其中殆有天焉公死後飛章入告

天容震動淚下沾襟每

召對臣工語及公事輒嗚咽

賜諡忠愍全祭葬頒帑金二千兩經紀喪事又

命沿途文武護其喪歸

予專祠於吳閶蔭其子廷芳騎都尉子廷棨

賞給舉人孫振世俟及歲時再沛

恩施

天子之軫卹難臣如此其至海内聞公死事皆嗟嘆哭泣作詩以哀盈數十卷而吳越之民猶摯辛丑春余僑寓吳門公貽書曰英夷到處猖獗已破虎門厦門定海勢必窺伺吳淞某海上攻戰四十餘年風濤素習嚴兵戒備如夷來必能破之以張軍威設事機不測亦必以死繼之敢爲故人告余得書愀然惟素知其忠勇過人壯其素志望其成功因手書反復慰勉之嗟乎李光弼鞬刀雷萬春面矢忠勇固公所素裕也壬寅五月余旋里舟抵杭州而公訃至作詩哀之及余奉辦理江蘇粮臺之命赴吳練大令繪遺像徵詩遂令再繪副册錄同人哀辭歸遺其孫以存家乘

余在吳時江南文武官吏赴吳淞與公商事者歸皆爲余言公守吳淞三年戎帳中風雨霜露與士卒同甘苦即疾作不入温室公得士心士知公意真大海長城也牛督部貽余書有公志堅金石之語迨和議成後夷酋樸鼎查問江南大吏言自到中國所至披靡惟吳淞力戰一晝夜受創實深設沿海

皆如陳將軍船礮雖堅利無能為矣是敵人亦服公之忠勇他何論焉

國家昇平日久民不見兵一旦有警相率逃安得如公數人輩固海疆任干城選哉

然吏氛甚惡四省騷動吳淞雖陷能張一軍尚足以振士氣而立

國威文武官吏臨難苟免者何可勝數公以死繼之尤足千古綱常之大其功匹虎

門為烈而殉事則同乃知二百年

國家養士之報而人心為不死矣茲以道光癸卯九月十二日葬公於厦門金榜山

之陽穴坐坤向艮兼未丑分金丁未丁丑納亟有日其孫廷芳以余舊知來

請誌墓公固當代偉人於吾鄉有光謹就所見所知者紀之至名諱世系

以及子孫均臚列於左兼綴以銘曰

大澤深山厥有龍虎桓桓將軍天生神武戎帳三年誓同甘苦功敗垂成星

天后土白日墜星吳淞之滸

天容震動淚下如雨美謚專祠贈卿優溥蔭子及孫載在勳府惟浩氣之盤胸兮

竟難迴夫天數贍藏魄於榜山今人咸傷為頹柱偶風雷之夜發今公猶張夫

旗鼓

公諱化成字業章號蓮峰世居同安丙洲生乾隆丙申三月十二日未時卒道光壬寅五月初八日未時年六十有七曾祖欽業儒祖青雲邑庠生父鳴皋邑庠生封贈皆如公官妣皆一品夫人兄弟二人公居次元配吳夫人繼配曾夫人子七人長廷瑛官千總次廷華官都司皆公撫子以海疆防堵先公皆歿於王事次廷芳次廷棻次廷芸皆曾夫人出次廷荃次廷蔚側室康氏出女一適舉人吳江孫宮璧孫五人振聲振興振作皆廷瑛出宜貞廷華出振世廷芳出江南人相傳公歿為神留於吳淞乩示曰將相本無種男兒當自强可憐臣力盡一死誤

君王雖杳冥不可知然生英死靈理或然也并記於後

附表忠紀實

陳忠愍公殉節始末記

寶山黃樹滋子培

公諱化成號蓮峰福建同安人由行伍積軍功官至提督
賞戴花翎授振威將軍初
上以廈金門為全閩屏障特破廻避本鄉之例
命公為金門鎮總兵尋擢廈門提督蓋其忠誠之見信於
上也久矣道光二十年庚子英夷因禁鴉片烟構亂
上諭沿海嚴防特調公江南提請屢
召對甚倚重之夏五到省適兩江制軍協揆伊公
里布察看海口公與之偕隨閱吳淞及上海諸營兵畢公觀王公玥曰大廈非一木可支今
江南官如此竊稿深武備廢弛之慮既而赴吳淞進提署纔六日忽聞英夷擾越舟山失

公立統本標兵於六月初十日馳抵吳淞口籌形勢自擇其要害處在西礮臺之右依塘列帳坐卧其中地方官請假館公力止越五日伊制軍到已布置咸宜矣嗣調太湖京口狼山徐州及安徽各路官皆聽公派置時各營員弁履另給另給薪銀大小有差公獨勿領曰吾自有常俸在食國家祿本應辦國事焉用銀為而他人之領銀者亦勿禁賞軍士必優從厚奉己則儉而約或以酒饋必峻卻之自是莫敢以獻贈于其麾下亦未嘗强買民間一物故俗有官兵都吸民膏髓陳公但飲吳淞水之謠有徐州不法公責其首領以徇從此各營亦頗斂迹是秋閱兵嚴總督鄧公廷楨以厦門久倚公為保障請調回任

上以江南尤防堵攸資勿許七月中夷船常來游奕發小艇載挾商船杉舨遞書公令轟擊之獲商人七名自籍廣東當事欲以勝鬪公公不肯乃止嗣據商人供亦云夷人畏公威不敢進故力留逼我來後浙江擒獲夷目晏士利等供亦云然方伊協揆之為浙江

欽差大臣也

上命中丞裕公謙署督篆協揆寓書曰陳提軍大有將略深可倚裕公見公晝夜宿帳帳尤極廉潔心異之一夕大風雨遣弁託問安以往伺見公危坐帳中公笑曰是試吾也吾豈以夷險易節哉裕公乃信服後因其必不肯假館令築草房於帳所公於此三易寒暑未嘗解安寢每潮來必登塘瞭望天變則尤慎戒軍士曰平時宜休養蓄銳毋輒上轅倘有警呼之不應必按法治辛丑八月中連夜大風雨公益戒嚴曰凡賊偷營必乘此間越三日知舟山又於是時陷衆僉歎服時海潮大作草房內水積尺餘吳淞營參將周世榮請公居礮臺公曰吾免水患如衆兵何願與他同苦終勿遷旋聞三鎮軍王公錫朋葛公雲飛鄭公國鴻皆於舟山戰死及鎮海失守總兵謝公朝恩陣亡欽差大臣總督裕公謙自殉提督余步雲以下文武俱逃公甚恨之先是裕制軍奉旨以廣東靖逆將軍等已於夷目義律講和酌撤防兵公曰犬羊無信且和以賄恐貪而驕故吳淞防署軍撤回大半公獨領本標慎守之不數日聞夷已叛約嘆嗚嗟統兵入冦七月初十日攻破廈門公得被難家信歎曰毀家不足憂特恨不能速剿十一月初大

雪數晝夜凍逾月師人極寒公輒踏雪巡營拊而慰之營中皆如挾纊居恒便冠服散步海塘與兵民如家人父子然鄉人稱為陳老佛遠行坐一竹顯轎而人舁之不設儀衛有駕小舟縱觀水道往來風浪間無稍畏懼平素不援不陵每易督帥嫌其介而繼感其誠皆深敬之曾與制軍牛公鑑大閱見近地兵皆弱而上江徐州河漕各標較強且多技勇制軍曰是可當頭陣乎公曰否陣貴堅守近者皆有家室慮且服吾久諒勿逃而客兵恐難保及戰果先遁壬寅月初八晚上海火藥局災聲大震遙見黑雲一陣團亘逾時眾皆駭公曰此必滬城藥局失火也定有漢奸作祟亟查曰吳淞火藥局牆外已伏放火具隨遣二馬隊馳往上海察閱至火猶未熄其神於料事類如此四月初十日聞乍浦失守公益日夜鼓勵喻軍士以大義而犒賞之特他邑甚騷動惟吳淞左右民反安堵無恐誠恃有公在爾二十日夷船二隻由滙頭內洋一路測水而入泊吳淞口十餘里外公以礮所不及勿擊二十一日兩夷船去五月大夷船二火輪二又從內洋駛泊舊所是日牛制軍由上海到寶山初四晨一火輪船南往初五日午

後夷船二十六隻壓境而來礮相應接檣帆高出塘上數丈輪烟沖天内地皆悚民
有遷避然猶恃有公在未甚恐初六七日又來夷舩（艘）數橫海十餘里夜則張燈試礮
金鼓齊鳴似操演狀實驚我也而我民終以有公在為恃公早已肅衣冠禱天地令各
官兵裝齊鎗礮火藥裹粮以俟矣適牛制軍就商公亟慰之曰火攻專鎗砲此身在烽
火中出死入生數十載似此布置稠密應可必勝大人鎮靜無慮蓋欲壯其膽也吳淞有
兩礮台江西礮台在海口北去寶山縣城六里三面環水最為頂衝公與陞衛參將周
世榮領松江吳淞太湖各營軍沿塘環守泰州溧陽營守衣周塘安徽撫標暨
河南營守教場及塘提後營守城東海州營守城東北吳淞營守備易占魁
等偕知縣周恭壽守城江東礮台在海口南亦三面環水以川沙營參將崔吉瑞領本
營及安慶營兵守之河標游擊黄永清李輝運都司張家桐漕標游擊王
永祥各帶兵輔馬前參將劉長清守備田浩然領水勇火攻船伏内港公慮各官不足
倚惟周世榮尚誠實曾為保陞總兵臨戰前一夕語之曰吾與子皆非薄福周不解公

曰詰朝得勝必蒙上賞萬一不勝吾兩人亦皆不朽豈薄福哉蓋欲堅其志也初八日黎明公登礮台瞭望見夷船已排陣勢火輪船為先鋒並兩艘一幇未幾駛入公手執紅旗揮令〻轟擊自卯初至巳正礮發千餘門煙燄蔽天聲震百里打傷火輪二大夷船五殲匪數百名幾欲退去者再方辰刻衆皆歡呼得勝矣公見鉛丸着船皆碎礮架皆裂恨工料之偽而銜之戰愈奮時牛制軍帶兵出城輿至城南三里之教場賊從檣頭望見架礮於檣而擊之衆隨員不敢前環請回城制軍乃飛令守小沙背之徐州總兵王志元來援豈知徐州官兵聞風先竄河南參將陳平川等隨護制軍西退知縣周恭壽等尾之賊又檣頭望見師已內潰攻愈急守城東之提標游擊王鳳翔城西北之江陰游擊董占元等亦相繼走江東礮台祇開二十餘門河漕標並未接仗與崔吉瑞等同釘礮門而遁兵無一傷火輪船直逼胡巷鎮水勇一遇即潰劉長清田浩然等躍水逃急偕把總邵亮等附入署總兵林明瑞船由蘊藻河而西火輪船追至離鎮六里之桂家橋一路開礮西岸蕭然港南鋼

礮擊一夷船甚傷已刻賊登岸衣周塘兵已走提標游擊張蕙等衛之尋亦受傷
却有大夷船數隻專攻西礮台周世榮欲奔請公退公拔劍叱之曰吾誤識汝周逸
公馳塘督戰礮兵缺處則親自裝藥點火連放數十門并令抬鎗鳥鎗隊亟擊
登岸夷匪身受鉛子數粒血淋漓顛復起既而客兵皆遁夷匪水陸交攻公竟中
重傷伏地噴血隨叩闕而薨春秋六十七氣將絕猶呼天有公所賞識之前武進士劉
公國標素勇毅忍創負公屍藏蘆叢內同日陣亡官七提標松江守備韋印福千
總錢金玉把總許林外委許攀桂額外徐大華內黃營外委姚雁字吳淞營把總龔獻
增被虜不屈死最慘兵死八十一名內松江兵四十三吳淞兵十太湖兵五高資蘇鎮等十
七營共二十三又各營不知下落者十外名凡戴公恩而未忍去者多已受傷見公死
遂皆痛哭而奔於是民乃大驚老幼男女無不號走曰吾萬里長城壞矣奈何奈
何午刻官兵盡逃出境賊酋入城犒軍登鎮海酣飲或作華語曰此戰最危險備有
兩陳公爲能破酋大笑連日沿海焚叔慘不忍言初十火輪船由浦而南東溝弁勇

先於初九日自燒其舟焚其帳僞作接仗敗狀而遁十一日夷匪入上海各官兵亦已先
逃惟署教諭姚公員瀾未去典史楊公慶恩投水死公薨後十日嘉定縣練公廷璜
懸賞募獲公屍輦入城十八日丙寅殮於
武廟面如生身上早已裹綿故鉛子未深入者出其四五粒其深入小腹及肩髆胸中
者不能出嘐城人爭詣哭奠罷市累日即繪像二一留城中一附柩去路過處人
皆焚香感泣及牛制軍以大畧奏聞
硃批揮淚覽之憤悶填胸飭部照例優䘏其柩回籍着該地文武官沿途護送
詔原籍及殉難處各建專祠謚忠愍世襲騎都尉嗣奉
諭旨陳化成子陳廷芳着承世職陳廷棻賞給舉人一體會試孫陳振世俟及歲
時赴部引見用示篤念忠貞延賞後嗣至意嗚呼榮矣或謂六月二十四日公降松
江乩壇判有
上帝封我為雷部副元帥並生不能滅賊報

恩死當更助一臂之語此係傳聞未敢遽信然正直而壹謂神公固正直者也即爲神亦何愧其他瑣事反考之未確者余勿詳爰記見聞之實以俟擅三長者

論曰死或重於泰山或輕於鴻毛非特於義之重死於不義之爲輕即死義中亦大有輕重也疆埸之帥惟以竭智盡忠務求制勝卒不幸而力戰死者爲上寡謀而冒險死者次之旣敗北而自盡與將戰而見刺於仇讐者又次之若公之無援而致命豈激烈鹵莽者之所能爲真死義之上者哉康熙初陝西提督陳公福甚忠勇逆藩吳三桂反平涼帥王輔臣叛而應之

詔陳福同大將軍貝勒董鄂會討泊進固原副將賈從哲游擊張元經臨陣先退福斬以徇衆乃莫敢後然卒爲降虜煽亂夜半兵變猝遇害於惠安營中

天子聞而震悼

賜謚忠愍立專祠其姓其官其謚其祠皆與公同將略亦不在公下而嚴毅則過之仁厚或不及至平日之玉潔冰清纖塵勿受恒與士卒同甘苦歷久不渝福未聞焉

詎莫為之傳歟抑其德性固殊故死亦異也今世俗咸知公殉節之難而罕知公平日之德甚或忘廉恥而騖勢利於辱國害民之吏喪師竊位之員為天下萬世所唾罵幸其氣餒未消熱中人惟恐不得而媚之往往為之飾非為是頌過為功競相奔走逢迎之不暇而成仁取義如公反置不道何耶即間有好義之儒撰文紀事或畧而未詳或傳而稍誤鮮足為信史資余雖不文既歷見其事而知其實曷禁無言之長哉噫假令如公而有數人焉豫備船礮鼓勵眾軍方將殲鯨魚於碧海作京觀於重洋何難直搗黃龍府痛飲乎不然即遜於公者而有數人焉慎守嚴疆以主待客雖百萬苻師猶可破於淝水況彼跳梁小醜安能逞其鴟張又不然使如公者而更有二三人否即稍遜於公者而更有一二人而公亦得專制一方斬退者以肅軍令縱未能一鼓功成滅此朝夕亦何至未戰先逃畏夷如虎風鶴皆兵竟致城下之盟惟命是聽屈國體以伸賊志剝民財以饜盜粮若是哉猶幸皇上聖明褒崇忠節旋將偷生誤國諸臣概嚴治罪俾知不而仍不得其死

終不若効義者之生死俱榮則懲勸明而人皆忠義即世可以長治久安而無虞外侮也乎

陳忠愍小傳

東溟文後集　姚瑩石甫

嘉慶道光閒名將最盛者稱楊忠武羅　皆蜀人水師則李忠毅王果毅皆閩人也忠武　忠毅三公余未及見惟交果毅二十年其義勇能軍洵有過人者其後則爲陳忠愍公名化成福建同安人少從忠毅果毅歷戰功洊至臺灣水師副將馭軍有紀律約己尤嚴時稱廉將及鎮金門益勵其麾下余聞久矣道光十八年余過廈門公方提督水師亦素重余延飲劇談公時已近七十言軍乃慷慨激發逾於壯夫及至臺臺之人皆頌公巡閩臺灣時文武供應饋一無所受隨行將卒雖衆所過如未嘗有兵者其約己律下之嚴如此故賞罰無閒言焉臺灣歲運軍穀十萬給水師諸營自蔡逆不靖商艘日少穀常絀運每至三四年則奏委文武催運費巨而時有風濤之失道光四年余爲臺府上議請穀改給折色以疏新穀趙文恪下其議衆皆便之而水提某有所覬沮之及十六年公巡臺衆舉以請公曰兵商兩便之計也令如議行一無所私二十年粵中夷警游奕閩洋公自出擊之足受

礮傷猶鼓勇督師進夷舟遁旋調江南水師素怯非閩比也公選閩中親軍往教練之始皆奮勵海防嚴密夷聞而畏之二十二年寧波失守夷破乍浦數窺吳淞不敢入潛購焚公火藥公怒乃擒斬而夷舟數進公數拒卻之夷彷徨海上將退總督聞公卻夷師喜自出督戰與公分守海口甫登山夷舟突進飛砲及山總督失色退走諸軍皆潰夷乘勢大進公親軍不及百人手自燃砲擊賊猶破一舟賊連飛大砲公中傷而歿事聞

上震悼焉贈䘏如典謚忠愍

論曰公始為偏裨素有戰功而獨以廉著蓋武人所尤難也觀其馭軍紀律森然庶幾臨淮之風矣老猶邁雖拔扈之吏亦憚焉乃卒敗於懦帥致以身殉惜哉

記故江南水陸提督陳忠愍公逸事　莆田陳池養撰

道光庚子英夷寇舟山濱海戒嚴

朝廷以西洋船堅礮烈非舟師所能制

令於海上各要岸設礮台衛之既而廣東虎門福建廈門浙江鎮江江南乍浦

上海等處所置守禦無潰敗而英夷之入上海者擾及鎮江焉雖當時

將帥不能明賞罰以出奇而制勝未嘗無一死其事者然未有血戰而死

如故提督陳忠愍公之烈者也公諱化成世居福建同安之丙洲由行伍積

功官至本省水陸提督以夷警調江南水陸提督既抵任夷氛愈熾吳

淞江為江南隘口設東西二砲台公守西砲台坐臥帳中與士卒同甘苦共

風雨將他徙首尾凡三年英夷既破乍浦聯舟入吳淞江公督弁兵轟砲

擊沉夷船五傷夷鬼不可計夷不能進將遁矣而別將之守砲者師潰

而逃公部下裨將亦逃勢孤不能支堅守禦敵遂中夷砲以殉死從死者

守備韋印福以下凡七人具部下藏公屍葦蕩中逾十日嘉定令練公廷璜求得面如生目不瞑殮時吳淞人無不哭失聲事

聞

天子震悼賜謚恤典優渥江南福建各予專祠江南士大夫爭為詩詠公公之忠聲震天下池養去歲及今年兩至廈廈門與丙洲隔一水公又嘗官廈門因縷詢公事呂孝廉世宜莊上舍中正皆為言公孝事母入伍得官俸入以養母無所私及太夫棄養則以俸入歸其兄贍家無所私公孝子也亦悌弟也此其所以為忠臣也又為言公官福建水師提督時歲入既鉅而治家極嚴自奉甚薄官廚少烹魚妾禦鮮衣飾動費所餘絲毫悉貯庫備公器械皆井井則又公之臨財無苟得故能臨難無苟免而樹立卓卓若此也噫夷事之起使將帥皆如公之忠守死不移必能圖所以克敵矣又何患

國威不振也哉及詢公平日乃知公之不及者其忠義固蓄之於素時也亟表

而著之以志嚮往且為世法

此陳忠愍公遺像也初練笠人刺史繪公像徵詩道光壬寅九月余奉
命到吳辦理糧臺見公像賦詩哀之因屬笠人再摹副本寄余歸付其孫在之家
乘公與余里居沿海相望十里而強李忠毅里與余居三十里而弱忠貞
之氣先後相繼咫尺相望亦足見吾鄉山川英氣代多偉人耳
道光癸卯五月同里蘇廷玉於吳中又記

輓陳公忠愍吳淞死事

鷺島門曾握手展卷尚如生（壬辰余主講玉屏書院晤公於官舍）嶺海英雄氣山川鼙鼓聲忠情到妻子
矢志在堅貞天下皆公輩西夷敢弄兵

道光甲辰七月旬有九日福州楊慶琛敬題

敬瞻陳蓮峰軍門遺像詩以哀之時道光壬寅嘉平三日書於三吳新橋若意
園

蛟鼉氣噴半天黑慘澹軍容生死逼烈燄飛空如雨繁大星芒斂暗無色三年薪膽

士卒同刁斗森嚴誓殺賊英夷犯順公駐海口三年與士卒同甘苦疾作卧帳中不移靜室牛鏡塘制府貽余書有心如金石語大海波濤戰鼓
聲烟尸狼藉勢已壯如何丈彈縱橫飛將軍百創已毋貫革蟻屯巨艦挾山來偏裨
卒伍同死力夷酋樸鼎查與江南大吏言與公力戰一晝夜公炮沉其數船殲夷衆千餘人該酋已掛黑旂令速退俄岸上哭聲震地右師先潰須知公已陣亡遂揮衆并進公部下死者甚衆并言如
此好將軍實不多得相與嘆息驚服至再足見夷敵亦服其勇敢忠貞也攻敗垂成欲問天
天容震動淚沾臆工每召對臣工詢及公死事輒淚下裹尸葦蕩已旬餘如生面貌咸嘆息怒目不瞑視
如常滿腔浩氣昌有極賢令傷心具棺衾練笠人刺史求得公屍已十餘日怒目直視身受鉛子百餘粒有洞胸貫脇數處刺史親拭其泥污并云天氣炎大無
蒸未聞氣味即神靈呵護忠魂也咸以為異污泥鉛彈親拂拭與公同里又舊知昨歲書來粉飾公與余同里舊識工年春余僑
居吳下公貽書云逆酋甚張其海上攻戰十餘年如賊來必力戰可以制勝至成敗自有天定但能為國宣力一死亦心甘敢以奉告其志可知矣餘杭艤舟惡耗傳臣
節友誼同抑塞今夏五月初余旋里舟次杭州而公訃至矣嗚呼忠義之氣薄雲霄英靈千載尚降陟吳民相傳
公已為神雖杳冥不可知理或然也吾鄉節烈本山川公曾親侍忠毅側公由行伍即隨李忠毅公海上立功李居侯賓社公居丙洲社與余鄉里皆
隣近皆在縣治東南隅縣誌載縣東山川雄偉山皆土戴石氣象嚴肅其人性剛尚節義故歷代以來多節烈名臣他年銘續與銘忠豐碑百丈相望勒

同安小蘇廷玉草稿

陳軍門遺像詩

公諱化成福建人由行伍建戰功洊陞福建水師提督道光二十年調江南提督會英夷犯浙江駐兵吳淞口公手防禦得士卒心二十二年五月初八日英夷入公手毀夷船四艘忽飛砲洞胸死之効用劉國標藏公屍葦蕩中廷璜時爲嘉定令募死士覔公尸越十日殮於嘉定乃屬程君庭鷺繪遺像因紀以詩公殮時初服與敗膚體如生故卒章及之

犯邊樓櫓初徵塵陸梁遂欲無關津雍容袖手豈時要臨危安得公數人
平生堂堂四海識三軍貌殊心畫一吳淞老兵感未遏堠火頻年虛貼席一
朝奮臂膚膽落屋瓦飛聲功漏刻成謀未止不愛身孫障從來英論敵
小邦攝官會倉卒足繭邊人警咫尺淒涼部曲送銘旌曾與一城俱淚滴時
聞落星光夜明公亦慷慨步繞營少年抱奇老莫遂海天怒氣猶風霆
九重哀詔惜精爽兜鍪雖腐骨則馨圖畫麒麟端有命東南尸祝誰遺名

又

陳公赴海濱昔從李壯烈百戰矢孤忠臨難同畢決平生萬人敵蹻捷縱天骨
搴旗鹿耳風舞鼉鯨身月身輕一飛鳥長濤出復沒踏浪晝行空揚帆夜
搗穴英雄際時會功名肇走卒自從
睿王初漸躋偏將列
至尊眷東南再簡專閫鉞鷺門本故鄉坐鎮歲屢閱風流偶裘帶儒雅
即超絕滔滔三江水吳淞匯蕩潏六國馬頭趨勢隱元龍窟
廟謨重元戎移帳徵請
闕覲
天龍顏喜習流虎士疾妖氛暗三載鬼笑無百越躬親屬老兵寒暑共饑渴卧病甲猶
擐主戰氣不奪作書報親舊誓掃比賊滅嗚呼大帥誰縱寇使馳突既鶩下
洏焚猶掩寧波失一朝覆寶山公驅闖艦發慷慨死于茴協恭虧大節遂入猶

捐軀瞑目死復活吾

皇每垂涕醜夷解悲咽如何偷息徒賄和取容悦

國家二百年遠邁漢唐軏冰山瀚海西罩戍重險設跳梁小醜狂前後肅征代

列聖固神武謀臣亦宏畧今年猢漢區貢馬仍萬匹可憐旦夕間災忘剝床切玉帛何

足云金甌幸無缺近聞更駭異疆吏坐嗔喝請南宋朝豈有茲淩折鄙夫昧

國體飛章竟專達轉思將軍賢重創自飲血電雷凜餘神鬼護遺骨千秋父

老哀視此十七日同時虎門關森然并挺拔歸魂動旌旆怒濤偃溟渤公生峙長

城公死震穹窮髮未忘報

主心瀚頭湧飛雪固應逐忠毅精貫金石裂我傷寵同谷恐賊無家别憂來望財

官封郎奮鞭撻守位在得人止亂必用殺庶幾慰

國殤

宗社奠恒碣圖成痛韋俊賊退感元結浩歌宇宙智勇日寥闊

建寧張際亮稿

又

我與公同鄉而初不識面同官卽籌海遂屢接睞盻别來數月耳忽聞公死戰嗚呼大星落使我心膽驚人生孰不死死所讓公占愧彼偷活者尚作草間戀從茲墮長城海國局一變震悼達

九重同仇能無忝軍民有餘痛鄉里有羨桓桓李忠毅卅六年再見（公少與李忠毅瀕海而居自入水師營伍卽隨忠毅立功海上距忠毅之死三十六年）道光辛丑秋海氛正冥冥公守吳淞口我守上海城文武極和衷旌旗肅連營促膝坐軍帳并轡巡林坰我策君必用公謀我必行（公嘗告余曰聞上海城中有閩人林某者雄於貲能嘯聚二三千人邑人皆畏若有外警君須防其內訌也余頷知果然立飭縣官招致之假以詞色動以鄉情并令其協粤商俾為我用五日而帖然就撫僉謂從此城中不虞內變云）最喜封港議與公協力爭攘外先靖內息民乃戢兵（二句卽公相勗語也）居者免罷耗歸者慶更生立談定反側歡聲匝濱瀛默笑肉食者所測皆私情（客秋前督部奏准封港上海商民數千向余哀訴幾成罷市余與公定議一面批准開港一面據實奏聞歡聲雷動三日內吳淞口外商船檣數進而夷船踵至衆有更生之慶時督部由鎮海移檄尚疑我而人在護閩商更欲訐奏而鎮海旋失）

守矣憶我初往軍值公病未愈堅不入行館長年廿野處忽聞鷺門況妻子消息

阻公家在廈門去年公長子來省視居三日即遣回閩春屬有自廈起程來蘇之信立飛書阻之之謂即來亦不暇相見也此情最難堪我姑作慰語

萬金書欻至全家脫魚釜公病旋霍然公勇彌足賈笑謂內顧憂畢竟防禦

侮公言益平易公志益激楚三年一戎幙飄蕭戰風雨但期士心奮敢惜住身苦公往任不

入官署即到吳淞又不入行館所住帳房至不堪蔽風雨余為改製一大帳房公猶以兵帳皆敝不忍獨居新帳余已許為一律更新旋卸篆去不果行公言猶在耳公神已在

天俯視蜉蝣輩世態真可憐束縛復馳驟文義多拘牽處且難持臨危肯扶顛雙旌

已遠引公猶張拳牛督部由海岸奔嘉定王總戎由內塘奔松江公遂及於難總戎名志元由徐州鎮調來防堵者鯨鯢已破膽報國方飄然

夷酋樸鼎查就撫後與江南官言寶山之戰與公相持一晝夜公擊沉其數船復殲其黑鬼千餘該酋已令挂黑旗速退聞吳淞岸上哭聲震天偵知公已中礮死遂揮復進咸謂如此好將軍自入華兩

年所未曾見也所恨功垂成旁無一手援半壁遂瓦解萬口徒聲吞公像尚如生我詩安足傳

區區幸紀實留待勒青編

江南屬吏以陳忠愍遺像徵詩余與公共事三閱月有不能已於言者因摭

舊事成此蓋有他人所不及知或嫌其諷刺非宜余謂是是非非所為言者無

罪聞者足戒即無悖於風雅之旨若必畏首畏尾專以周旋世故為事則何如不作此詩斷無不宜矣呵呵

道光癸卯夏病叟梁章鉅力疾揮汗書

又

當年李壯烈今日陳忠愍吾郡挺人傑名將亞蒯瞶李公昔統軍公寔隨鞭鞘相望三十年志事如接軫公愈金石堅身作星辰隕仕肴後來事運籌多隱忍吏氛雖少戢志士有餘憤再拜瞻遺容眥裂髯猶在吻公乎佑吾民靈爽終不泯

晋江黄宗漢敬題

又

褎鄂精神老益奇曾從海上謁崇祠（庚戌侍家大人鎮蘇松道經上海）終憑金石磨成骨難得蛟龍解護尸（中礮殁於蘆塘中七日未變生容）野史已教資刻畫（嘉寶紳士有紀實編傳印）

天題尤足動追思迄今鬼蜮懷威甚也在梵香膜拜時

海州武殿魁拜題

陳忠愍公畫像有序

伊昔翊聖佐命鉅公偉人書勳旗常銘息鐘鼎圖繪形貌芬烈昭著則有雲臺耿鄧靈應列宿之精煙閣鄂褒颯爽壯元光之色或畫室留象或良金鑄容神化形留炳曜今古洸洸嶽嶽猗哉盛已若乃身膏氐及傷援絕於孝侯翼晏冷荒原痛喪歸於穆伯天傾一柱氣奮千軍化碧而弔萇宏刻木以肖鮑信衢路私祭丹青流傳如故江南提督忠愍陳公其勇其節宜乎

三靈震宇

九重動容者也公忠毅同里（謂壯烈伯李公）泉安儁雄早隸軍符迭膺閫寄殪鯨鯢於渤海百戰登壇擁龍雀之樓船八閩開府固已望隆頗牧威懾孫盧矣屬者粵檄夷訌鄞洋烽廹侯火徧於兩越飛書達於三江變起倉皇黃憂屢

宵旰推轂宿將移節吳淞遂大整戎行復肅申夫陣法寢潮食汐一帳經年紓難毀家千金懸賞特製神機巨炮霆擊雷轟重修信國舊防星羅碁布健兒易感奉僕射如父兄太尉雖尊撫部曲如子弟山岳莫撼神天可盟江海危疆幸王羆之卧道東南半壁恃道濟為長城弧矢星明天吳浪息何意渡瀘之月忽來犯瀨之舟海水驚飛鼓鼙震蕩公乃躬先士卒手縛蛟鱷左甄右瓦刀斗鳴于堅壁十蕩十決艅艎馭於重溟疊發紅衣帆摧礮背高張皂蓋膽落鯤身正期馘項俘渠永靖鱗堂之孽不為伏發棄甲驟顛蝥弧之旗後壘一移全軍遂動公猶已頹之壘揮半段之槍公孫洞胸頰呼殺賊卞侯握爪竟偕歸神空懷填海之心卒蹈裹革之烈嗚呼痛哉事聞之後

天衷震悼建祠

予謚卹典優加於是喪由滬瀆道出婁城虞殯笳吹凉國子歸元之日薤歌惻愴武侯

還蜀之年迺有茂宰仁賢重加含殮遺民感動爭奠壺漿鬚髮如生尚啟戎
容之猛旂檀雖覆難分戰骨之香景此精忠傳其雄傑雲霄萬古莫弦清
高冠劍千春猶驚叱咤乃效歐公之記梁將呂溫之贊唐臣載拜瞻禮而贊曰
毅士授命上將鑿凶河魁搖折我棟隆百身莫贖一死從容憤血濺野英燐
燭空時際隆平銷鋒偃伯甲伍恬嬉庚郵靖謐氛祲冥冥興霧生市舶鰲呿
鯨吞蜂屯蟻集將勘楊僕迹發鵲張羊城虎門戎帥傷亡風聲鶴唳近逼江洋
帝勤南顧壯猶簡方龍驤戴戴虎旅矯矯枕戈滄洲橫槊沙島組練三千儲胥十道
滅此朝食亾麼誓埽天何不弔孤掌難鳴豈無總帥秉鉞專征豈無旅拒犄
角連營將星獨霣輿論難平飛書朝聞卹典夕至忠表孤貞愍加奠誄生
榮沒哀太常志徽伫想光靈彪炳圖史平生孤立遺大投艱保全感恩肯
望生還化毅報國誓殄夷蠻神風浩氣永壯河山

吳縣董國華謹撰

又

飛砲落如雨鯨鯢出海驕勞師周玁狁折壘漢嫖姚灞上真兒戲雲閒一柱標

欃槍何日埽遺恨咽寒潮

昨夜將星落吳淞水不流忠魂蘆港月鬼火戰場秋（公死後部將公屍於蘆葦中）鄉國同殘

劫（公廈門人時廈門亦有夷警）

朝臣念故侯海濱展遺像怒氣壓兜鍪

宜黃陳偕燦少香謹題

又

流毒中國阿芙蓉保障江南忠愍公如公其人倘有兩逆（敵）夷安窺吳淞東西炮

台起得勢計出萬全特不利手壞夷船挫敵鋒攻敗垂成豈天意不足與謀

彼豎子賊至身先作竄鼠獨力難支死炮台嗚呼忠毅真可哀負屍者劉發者

練炎天十日色不變建祠兩地荷

天恩繪像一幀傳真面聞公死事心痛傷瞻公遺像泪成行求之今人不可得古人誰與相頡頏督軍恩同岳少保殉難慘同張睢陽安得圖像百千幅徧示逃去食君祿

婺源齊學裘玉谿甫敬題

又

光弼韡韍刀萬春面著矢男兒死沙塲雖死猶不死將軍鎮雲間鯨波溢淞水敵礟身冒衝賊艅手擊毀大功冀可成天禍乃未悔飛砲來半空將星前壘忠魂享專祠偉績彰國史賢哉隣邑令殘會親子理桓桓繪遺像拜瞻涕不已

宛涇潘錫恩

又

我到金陵春二月耳悉將軍忠壯節枕戈飯糲不自貴萬衆一心心熱血閩黄石琴 康訪道將

（軍平日事頗悉）夷來乍浦遭焚殘連檣旬日窺寶山忽傳五月八日事江水不鳴白日寒

手撚巨砲從空落四舸摧燒如散籜天日下照海水飛魚羊誰謂夷氛惡

連艅競進洪濤起戰鼓瘖聲脆如紙功敗垂成百鉛子大星晝落將軍死

將軍雖死國恩厚建祠

予謚重卹後建祠祠於死事區

予謚愍其忠不負計從夷艅侵海邦大將先後多授首何如忠愍陳將軍毅

氣英聲真不朽後世知有陳將軍誰其傳之練笠人蘆中得尸襯斂親

手拭面血為寫真非來報政覲

九閶將軍死狀

親垂詢俛伏奏達不逡循

天顏淒墜悲貞臣遺貌䑸䑸面鐵色慘澹風霆繞煙墨忠魂到處若留影陰

氣滿天來殺賊息肩己見特事解蹙額何時禍源塞嗚乎圖畫亦何為

重惜將軍因愛
國
壬寅冬初道州何紹基拜題

又

錚錚者何人中鋏皎皎者何臣子節熱熱者何心頭血將軍殺賊將軍忠
帝愍孤忠忠且烈丹心化作碧濤飛水到吳淞倍嗚咽將軍守吳淞聯營遏
賊鋒三年如一日士卒樂相從人謂夷船火輪利將軍獨破夷船四天意欲
成將軍名細柳屯兵詎兒戲壘雲如磐當陣壓東南風紫紅旗揮霹
靂飛下天無光火攻都墜芙蓉劫夜周塘卒恨先奔西砲臺兵難獨存
臣不負
君竟負
君欲狂援絕熸夷氛衆寡不敵空復云人間那有逃將軍將軍死矣將軍不死

夷人敬公首屈一指死又何妨等一死耳泰山鴻毛於彼於此曼胡纓鋏襟袍

目不瞑拳空操英風驅署林蕭蕭直堪壓倒劉國標即負公屍竄葦塘受重傷也者雲車風

馬來嘉定公歸端賴有賢令累鉛如豆不堪捫哭聲幾與笳鼓競悼惜人

才重藎臣褒忠祠聳荷

恩綸就中慟哭誰最真吾粵達平練笠人史家筆與畫家筆靈氣拂拂神

光溢繪事當莫肖銘功取其實忠魂來呼欲出

蘭臯吳世驥初稿

又

一將身當百萬兵樓船百戰懾威名旌門夜識魚龍氣機火朝馳霹靂聲

三鼓分明張左拒大星黯慘落前營兩甄勝敗須臾事史筆千秋判死生

伏波馬革竟倉黃蘆葦叢中血裹創十地招魂哀巷祭

九重揮淚覽封章犀軒直蓋

丹綸寵卹翣喪車古寺荒浩劫沉灰身不壞成仁生氣貫三光

五月中聞　忠愍公殉難事悲憤無已既舟旅過蘇偕諸同人赴海會寺酹而哭之作哀吳淞詩四章前兩章以弔公也茲敬瞻遺像錄詩於後俾之覽者或因以推考其事焉

道光壬寅歲嘉平月乙亥朔元和吳廷琛書

又

長鯨呿風天欲黑妖雲彌空浪不息東南半壁失長城大將星沈慘無色陳公落落人中豪開府嚴疆早建旄恩義人懷楊僕射威名衆懾嫖姚霍潢池小醜跳梁久一朝豕突吳淞口笳鼓喧天勢莫當艅艎失水誰為守身經百戰此登壇莫道南方兵力單初服恩深同挾纊填胸氣激并衝冠神機霹靂當空擲百萬貔貅皆辟易封事方懸

聖主憂擒渠誓掃重洋迹孤軍決戰竟無援功敗垂成殊可惜平生異相說鳶

有今日遺骸從馬革飾終鉅典賁
絲綸
天子悽愴念藎臣毅魄猶存應殺賊精神不死定為神十地招魂同虔敬吳人好義
由天性圖成遺像肅清高千秋風誼推賢令褒鄂凌煙豈異人萬事蓋棺方
論定展卷題詞雙淚沱嗟才薄將如何淵然古道照顏色請讀先人正氣歌

道光癸卯春仲瑞昌文桂敬題

又

虎頭鷹攫龍豹韜英風紙上鳴寒飈長鯨在手不得掣忠魂嗚咽吳淞潮我
從去年往吳土會向吳淞謁大府聞公持節臨戰壘親戈荷戰若部伍連營勁
卒豈不足桓桓一隊健如虎義憤能奮出訓練誰謂承平兵不武忽聞五月有
八日夷夯入犯勢莫遏公獨指揮帳下軍手燃百砲恣衝擊夷船再進復再退
檣傾楫摧氣欲墨吁嗟乎公不死必滅賊公且殺賊忽死賊經年堅壁本孤障

豈待臨危始效節一身已矣

國事壞九原此意痛刺骨事聞

天子動悲涕

詔立專祠錫美謚劉侯藏尸練侯殮亦令頑懦識風義東南半壁屬何人還仗英

靈衛邊圉覩昔應同岳忠武於今再見李忠毅計從邊警已三歲陸梁

到處無關隘虜酋負固誰能攖良將既盡和議成和成未必能銷兵嗚呼

良將難再生

道光癸亥立夏靖安舒化民敬題

又

長身赬面真英雄聲名久挫榑桑東節旄移鎮自閩海長城保障尤推公

岑嶔之峰勢崷崪中流砥柱將毋同裹甲三年不露肘枕戈嘗膽憂心忡

壬寅年月日上丙醜夷猖獗窺吳淞抗撐掉臂勢殺賊手熱霹靂天為紅

伊支彌馬盡辟易如掃枯籜如飛蓬嗟彼豎子究何意絕援忍隨無成功

砲石及足屹不動臨危授命何從容泰山鴻毛判須刻不平豈僅鳴吳中英英浩

薄霄漢化為百丈之長虹當時小校頗解事負尸潛匿蘆叢練君措

置亦罕匹居然挽俗移頹風摹公之像奠公魄高義直齊衡與嵩翳昔

余亦廁戎幕（公初蒞時獻方隨寶山太守防堵吳淞）目擊橫稍戀乃瑚方尤難撫馭共甘苦肅然上

下能和衷席則弱藁餘分麾糲肯以勛績夸榮通士卒與我亦等耳何堪視

之儕類蒙臨訣以己死為度莫不感奮爭相從公語足以貫貞石公節亦

復凌蒼松拜公遺像挽重觀真氣直逼秋毫鋒回頭一一溯往迹不禁雪

涕悲填胸以死報　國

帝痛懸哀榮稠疊褒孤忠死而不朽者為壽馨名奕禩垂無窮

又

癸卯二月既望為春分五日吳興王獻拜題於吳門閶里分祠寓舍

廈門破士卒摧鎮海殘戰心寒猶有吳淞半壁全沿塘列寨編海操軍令嚴肅營壘堅沈竈產鼃民晏然吁嗟乎君不見陳老佛手執紅旗呼戰士以一當十皆奮起礮聲人聲震百里夷人當之皆披靡火輪辟易不敢鬬自卯接戰已不止衆軍環視失角犄況復潰散無紀律敗軍之衆公所恥整飭孤軍氣倍徙目眥盡裂髮上指力殉壘隳報

天子同時豈無操兜鍪紛紛奔駭不可倫維公慷慨誓滅身名登明堂圖麒麟俎豆馨香奉公祀始信公非薄福人

同里陳慶鏞謹題

又

崇武孝廉文中傑性情灑落襟懷高示我陳忠愍公像徘徊瞻拜心忉忉忠愍大節昭宇宙當鐫金石標緗帙憶歲壬寅月夏五公已移節來江皋奧閩江浙邊防急宵衣旰食

聖躬勞公也三年臥一帳手持鞭弭身垂橐忽報鯨鯢跋浪起吳淞門户流腥臊百

里連檣亘烽火旌旗岌嶪風蕭颯公呼瘡痛拊其背紅衣疊發焚賊艘

東西礮台屹相向王兵力戰客兵逃嗚呼伊誰開府職封守朝風鶴驚猿猱

丈夫報

國捐軀脰死生不愧稱英豪三軍思公泣公刀百姓思公泣袍大書特書史筆

褒一錫再錫

皇恩叨君不見孝侯按劍楊業死英雄飲恨皆如此王志宅周世榮之徒鼠雀耳

侯官劉崇慶敬題

又

紅旗宵捲走元戎刀斗聲沉玉壘空不是將軍輕一死狂瀾誰障百川東

十里夷樓枕海隅蠻奴嬉戲雜樵蘇祗餘黄浦潮聲吼猶似當年奮臂呼

丁未仲秋下澣閩縣陳濬敬題

將軍龍虎姿見知李忠毅駐師吳淞江東南半壁繫迭鋒何披猖勇節彌奮厲古有鑿凶門況已置死地一朝將星落海水烽烟沸清人胡逍遙苟雖遂驚潰坐看金繒盟灑遍英雄淚我今瞻遺像餘怒猶裂眦煒赫五雷神威風起百世由來生天人不愧忠孝字關張豈無命段顏達其志咄哉偷生徒武剛車自衛

道光乙巳三月古檇李沈維鐈拜觀敬題

又

忍受弓刀盡裹看來風我昨過同安卅年轉戰頭成雪一怒籌邊髮指冠不見素車來海上早傳丹詔下朝端大名身後榮如許值得英雄誓瀝肝

事急猶揮殺賊旂鐵星紅迸陣雲飛九重灑淚惜奇節殘卒招魂購殮衣江上騎鯨知數定山頭化虎見民依（公沒後沿江居民相傳常見黑虎皆云公之精氣所結也）那堪更說吳淞口戰壘春來草又肥

不減威名鎮兩河岳侯忠勇直同科公藏碧血宜成玉

帝念蒼生特止戈作橫烏蠻終就撫背盟罔紀又求和定知地下心應憾炎海而今靜

不波

報國憂心苦似焚書生自愧不能軍百夫之長誰堪敵四鎮而還又見君（王公錫朋葛公雲飛鄭公國鴻謝公朝恩）畺吏奉綸綍特祀史官載筆表遺勳依然毛髮森儀型展卷徒勞仰止殷

乙巳十有二月大興李嘉端謹題

又

江海昔多難桓桓一老臣沉舟兇膽落飛礮我軍振慷慨平戎意艱危報

國身連營方犄角棄甲彼何人

千秋李忠毅鄉社有齊名新息登壇壯睢陽仗節貞鼓鼙思將帥圖畫

識生平殁畧復誰繼寰瀛今弭兵

乙巳五月侯官林廷禧敬題

又

妖氛橫海鬧跳梁小醜有誰殄滅天上將軍真健者獨障江南半壁少保軍
孫雎陽援絕罵賊皆空列裂大星隕落愁雲慘澹凝碧
難得麾下劉郎江東賢令骸骨蘆中獲圖就遺形傳海內遍識忠魂毅
魄鎮面如生丹心不死千載留芳烈吳淞江口至今潮水嗚咽調倚百字令

道光大暑後三日寧都彭玉雯敬題

同安有二忠忠愍繼忠毅三十餘年雙建祠凜凜鬚眉鬱生氣公家在閩
海公身死吳淞當死不死非精忠公廟立吳淞公像來津淀雖死猶生識
真面讀公碑文拜公像揮淚憫公三決溫人心不死遐邇同怪底哭聲震江上
於今泉布通西夷海疆無事惟羈縻却思忠毅戰亡後忠愍曾見封鯨鯢

道光乙巳長夏蒼梧李百齡敬題

又

誓掃欃槍不顧躬但憑天地鑒孤忠功追步保長城壞援絕睢陽戰壘空馬革裹尸言竟驗麟臺圖像氣猶雄吾宗義烈夷酋畏擬畫遺容鎮浙東

同宗後學耀庚拜書

又

海天烟霧將公無渡公不顧身撫劍震怒慨當以慷憂思難忘洪波萬頃長鯨吞航公身則喪公心則壯公乎公乎古之名將酹酒重淵吊公之魂魂兮歸來海邦是藩 瑩篌引

長洲彭蘊章

又

高浦鍾奇傑英風靖渤溟策勛自偏將取義有前型（公隸李忠毅部下移節江南累立戰功至專閫）防亟窺邊海氛誓將薪膽志談笑落妖星

犄角連淮叟壘旌麾領一屯遙聞元帥倒近見上軍奔神砲孤營發飛烟巨艦

燔百創何足道叱咤看元旛夷船進以紅旗退以皂旗
援絕心彌壯特危恨不窮陳雲沈水黑戰火照衣紅部曲甘同死呼號震
太空諸君徒坐嘯何以答
宸衷
鄰令求忠魂材官指闕藏裹尸蘆亦暖繪貌血猶香震悼來
新詔哀榮邁舊章吳淞江畔廟父老沾裳

福州廖鴻藻敬題

又

丈夫生求得死所偷活草間何足數
國家承平二百年鐘邑養安遍華臚誰肯釁身就桴鼓桓桓陳將軍報國心如
焚平生誓死効敵愾太平無事空云云一朝番舶臨江島巨炮轟天撼山倒
將軍手自爇狼烽破敵艘如亂葉掃此時誰領右師雄一軍瓦解熊羆訌

坐使狼艎返柁進飛烽壓壘天為紅可憐戰血斑斑裏將軍誓師髮
猶指洞胸貫脇不自知壁立身膺百彈死嗚呼將軍竟死矣將軍之
死猶生耳事聞
天子含淒詢豈獨三軍淚如泚我瞻遺像肝膽傾不為公戚為公榮但愁鮮甲
今猶未東南依倚為長城君不聞不怕東南百萬兵只怕江南陳化成
時夷酋有此二語　至今酋虜讋公名
道光二十四年甲辰二月福州郭彬圖敬題

又

元戎
天遣出丹墀海上移屯十萬師百戰孤軍當保障一麾壯士起瘡痍請纓有志甘
嘗膽裹革如生弔爛尸太息巫陽招不返忠魂耿耿
九重知叱咤傳聞讋虜首枕戈誰與矢同仇可堪灞上屯兵戲坐視睢陽絕援休戰

氣酣餘千炬火畏聲惧斷一城秋郎今瘴海風濤惡決勝何人要運籌

福州林紱敬題

又

小變亦需才正氣出海嶠煌煌祠褒忠將軍死奉

詔嗚呼丈夫立功在殺賊馬革裹尸亦含笑侯賓社丙州社先後二忠有同調所惜

志未成英雄相槩埒嗚呼犬羊猖獗凡幾年戰守憑誰閑櫃要吳淞一火

倘成功或者西夷猜邊徼悔禍難回造物心隆地將星隱其耀捐軀或護

藏遺貌或寫照此皆不死在人心天意茫茫亦感召嗚呼將軍之忠

天子憐將軍之才閭里耀定海會招大令魂（指姚復堂）靈風來往同悲嘯和成未必能

銷兵善哉自菴言語妙經子但存報

國心成敗利鈍豈能料

侯官林鴻年敬題

又

酸風吹瀉英雄淚捲作寒濤不平氣報
國飛騰七尺軀精忠烱爍紅羅幟草間求活彼何人馬革裹尸吾素志海上弓
刀話故侯
國殤哀感將軍事將軍家世刺桐城牧馬山岡紫氣橫雲騎兒時能結陣
壯侯門閥本談兵軍門仗策隨同里戎韜親授臨淮李麾鯨身卷白波
欃槍掃盡鯨鯢死百戰功牌大旆邊籌征楊僕擁樓船水營卌載鄉兵
衛海戍平銷鷺島烟豈知蘭頓重洋闢壕鏡潛蠕窺釁隙十字門邊鬭
艦環狂飆旋鼓鼙門艙昇平日久將忘兵風鶴聞聲辟易符檄六郡空徵六
郡豪羽干莫靖三苗逆江南門户首吳淞作鎮移公往五茸都護姓名寒
敵膽河陽旗幟變軍容砲臺扼隘東西列更築碉樓鎖鑰重戮力諸軍
分犄角賊來吾敢挫其鋒三載長城資海甸浙洋文詡妖氛熾烽火遙連

滄瀆飛將軍奮勇轟雷霆西臺鳥銃手親麾百道連雞馳火箭白浪如山鬼哭高火輪埽落帆千艘夷酋曰此真將軍自入中華無此戰若使沿江盡銳師長驅鄖得金陵使鬼子方看豎黑旗東臺士卒忽離披左甄不動右甄潰援絕重圍獨力支存亡戰以吾為度死所吾難寸步移嚙齒誓當吞逆賊天生南八是男兒日色無光鼓音竭貪狼風起台星折紇干身被百餘創天上猶聞聲叱咤二百年來養士恩酬恩誰似將軍烈平生忠義感倫禆悚慨七人同殉節蘆葦蕭蕭戰骨香如生拳爪出寒塘袁松大節鄉城重護裹遺尸李祥故里招魂丹旐返輪山忠毅麟阡近九原部曲詰蒼涼松楸風雨同悲憤回首雲開戰壘湮江聲如鼓走陰燐春秋牲醴祠官拜我亦當年守土人

同里葉敬昌敬題

又

昭代飭紀綱窮海知順逆何來小島夷輒敢逞反側闖起既鯨吠吳會亦游逼
溟澥駭鸒帆遂若無阻隘桓桓忠愍公夷酋素讋慓昔隨李忠毅海上
樹奇績移兵駐吳淞三年勵士卒甘苦皆與同遑復顧家室武臣不惜死名
言著今昔戰守及和議後來建三策要之得機宜豈其游憂戚勁兵制
萬里公忠資碩畫火輪忽鷦翔黑鬼恣豕突羽書馳寶山惟公矢戮
力伐鼓震波濤飛砲碎霹靂後者無其繼奮身先死
國親軍三百人死者相枕藉嘐城良有司急與骸骨同仇覓尸還殯之已十
日公死尚如生三軍喪顏色
天子詰死狀時特為悼泣
賜謚表忠魂立祠褒大節靈爽過吾鄉哭者動昂激嗟哉彼貪狼流毒罔不
盡名將屢戰死肯留汗簡青至今肅公像展卷猶於邑從此洗甲兵庶
以慰遺烈

乙巳仲秋敬題於津門官廨　吳郡毛永柏拜書

又

報國平生矢臨危節義伸英靈鍾海甸患難識純臣閩嶠麾曾建寰區望若神欃槍纏越徼傑戟駐吳津巨砲掀飛電連艫碎大輪士心甘矢石賊膽落金鐸二拒營分列西臺氣獨振奉張期盡敵兵戢竟何人瀝血孫軍奮占將大將淪轂朝哀
聖主癸巻哭編氓百戰旗常勒千秋俎豆芬誰摹褒鄂像瞻拜有餘辛

皖江崔洲

又

前一虎毅後一忠愍同一海邦先後相引今之名將古之忠臣睢陽武穆的是前身吳淞百戰取義成仁瞻公之像見古之人丹心鐵面骨格嶙峋英雄慷慨浩氣常伸嗚呼將軍獨出死力馬革裹屍盡瘁報

國二百年來吳江砥柱功冠一時名足千古

連城後學羅俊疇敬題

又

卅載沙塲一戰袍忽聞滄海嘯波濤同將報國無廉藺遺像凌烟此鄂褒莫辛夫公終悔禍誰非王事獨賢勞君看今日吳淞水殤鬼魂歸尚夜號

閩縣林壽圖敬題

又

四海震威聲公生我未遇一身完大節公死我彌慕將軍五十年景仰久思膺斗大將星沈壬寅夏倉遽尾閭潰屠龍吳淞轉脫兔七艘雷千人隻手殲滅去賊勢不敢猖賊膽寒難據一柱砥中流橫波誰敢渡右師倚犄角蚩尤盡斂霧事乃敗垂成軀還捐暴露可憐七尺身無端百創處彈丸顆顆紅鬚髮森森怒顛撲起再三剪除心猶具慘淡天王旗斷折誰共助

部將劉國標覓尸戕葦固溽暑十日中生氣千秋著風吹蘆荻香鬼神靈呵護嘉定令尹賢死士親召雇負置故侯前義氣足相附目瞋顏慘愁凛凛人却步以禮含殮之畫工繪如塑遺愛遍江南江南香一炷飛章告

天子

天子淚千數大將失閫權於恤煩

聖慮春秋俎豆香子孫爵祿裕易名表忠貞生者應覺悟道濟壞長城馮異零大樹單騎比汾陽見虜雄無怖盛暑似伏波征蠻不歸賦忠愍楊夫子輝映同抗疏忠毅李軍門接武連里故我曾津海防鯨鯢疾蘇籍籍亦枕戈眠敵愾存乎素追思江水寒欲奠英魂飫合共買絲繡恨不范金鑄遺像幸仰瞻肅拜擦目注颯爽見英姿衰鄂動猶懼願寫萬本傳魄奪夷人覷

道光乙巳秋仲江夏何煥緒敬題

誓從碧海截蛟螭忽起蠻風折大旗一面獨當忠盡烈右師先竄咎誰尸

不愁匪血膏荒草但憤天威挫醜夷尺幅長贍生氣在幾人鈴閣此鬚眉

九重哀

詔勅恤忠行帳三年盡瘁躬上將星辰淪劫火長江波浪湧腥風可堪吳越干城

壞幾使東南杼軸空和議只今成大局幽魂銜恨總無窮

乙巳長至月永福鄢士元敬題

掃蕩烽烟靖海濱不辭盡瘁久忘身丹心一點堅如石黑水羣酋畏若神詎

料大星沉上將頓教

天子悼忠臣名垂青史流芳遠愧殺同時苟活人

貔貅百萬盡干城肯向求和議寢兵獨整六師清碧海願將一戰救蒼生身

臨大敵真無敵功屆垂成恨未成遙憶南朝岳少保徽公此志有誰爭

戊申臯月燕江廖景暉拜題

又

芳祠高壓海城頭點點青山眼底收父執如公真不朽將門有子復何愁鷺江從此多生色淞水遥知帶恨流瞻仰頻增無限思靈風颯颯壯松楸

己酉春楊鳴元拜題

又

國家輿圖邁千古九夷八蠻化千羽海疆樂育二百年西夷小醜敢予侮天恩只許懋遷通狡然思逞夜郎雄舊章變亂咎奚屬烽烟延蔓來吳淞將軍矯矯佩虎符輕裘緩帶宏遠謨士識將心將得士萬人莫覷當關夫外夷沓至奮袖起慷慨叱咤雷霆呼蟠胸忠義干霄漢殺氣千丈纏桑弧聲早奪夷人魄我軍無不一當百天地變色神鬼號怒髮衝冠髯似戟左翼不發兵矢窮心尚丹兮血已碧將軍不死夷不匈將軍一不死帑不空將軍一死長城壞半江秋碧流紅堪笑設法羈縻者反以瘡夷愴

宸衷煌煌
天語
九重下還定安集於哀鴻尤念將軍忠貫日優恤隆謚垂無窮嗚呼人生誰不死將軍之死泰山同我今瞻拜將軍像風凜凜兮雲莽莽目瞳瞳兮星斗寒氣英英兮褒鄂爽絹素慘澹神明扶尺幅猶堪驅魍魎我聞忠毅在當年浩然正氣摩青天將軍自少隸麾下義膽忠肝輝後先廉頗未老遭摧折百身莫贖將軍賢懸河有淚無處瀉灑向西風泣杜鵑

文溪童榮南敬題

又

一死邱山重人臣此最難當關鏖戰猛報
國血誠殫星霣江聲咽雲歸海氣寒披圖風雨夜猶見髮衝冠

侯官郭柏蔭敬題

又

東南若得我公存，烽火安能到里門。（壬寅歲鎮江失守）事定十年瞻繪像，功隨百戰泣忠魂。甘心士卒投醪飲，扼腕元戎棄甲奔。馬鬣遺封在珂里，有時還作陣雲昏。

辛亥除夕前一日古潤趙　霖敬題於厦門官舍

道光壬寅夏，余在京聞忠愍公殉難事，奏入，上震悼，賜卹有加，宣傳中外。余恨未識公面，今涖厦，獲交芷塘副郎，瞻公遺像，步蘇長公鋏字韻以誌欽仰

吳淞江樹亂飛葉，五月天風濤翻雪。海上祲氛湧潮生，將軍奮勇真奇絕。魚龍腥氣走百蠻，列營旌旗倏潰折。大將獨力支一軍，誓將夷酋一鼓滅。傷哉雲暗天無光，一死報國無牽掣。草蕩裹尸面如生，定有鬼神護忠血。如公忠義薄雲霄，草間偷生公豈屑。當時大名噪都城，光陰廿載一瞬瞥。瞻公遺像識公面，精爽在天爭傳說。而今廟祠肅千秋，想見人中錚錚鋏。

同治癸亥冬〻初沔陽周揆源敬題於鷺門道署

又

父執公專閫江南昔駐兵孤軍無後繼一死有餘榮鷺島歸忠骨淞流帶
恨聲至今寰海外猶自仰威名

昨拜
忠愍公祠下談及張游擊諸公之死於厦門也其烈可追
忠愍惜無
忠愍為之帥而
忠愍吳淞之戰又惜無諸公為之裨為可歎也因再弔之
大帥如忠愍偏裨得數公何憂不破賊竟敗垂成功壯烈河山氣悲生草
木風捐軀均報國應祀一堂中

道光庚戌季早冬〻林樹梅拜草

又

鯨鯢跋浪東南昏腥風吹焰血紛紛草間求活真腐鼠慷慨獨有陳將軍將軍奮激氣如雹白髮從戎老爭戰保障吳淞節府開力遏妖氛鋼百鍊裹瘡那顧砲洞胸飲血寧知矢著面風塵澒洞天如墨士氣指虜虜失色將星忽落大軍前鼓鼙聲死軍黑將軍許國不謀身忠壯之氣果絶倫嗟手功成敗猗角死綏良將為良臣江東蹂躪從茲起忠魂當作擒渠矢將軍一死和局成吁嗟恨事竟如此

戊申臘月嶺南布衣勞伯言敬題於津門寓舍

又

英傑鍾閩嶠家聲振潁川干城資任重頒牧仗威宣節駐金門遠翎飛翠羽翮孫恩誅瀨島楊樸設樓船往者夷氛熾俄驚醜類延鴞張謀莫測豕突氣無前慘毒媒暗揞撐螳臂連巖疆頒作鎮寵眷特從天衝要區難

侍籌防壘忽遷茸城辭杳杳淞水漾淺淺馳檄軍書積成城衆志堅師陳
尹吉甫鞍據馬文淵賞每千金厚張維一幕懸衣塵勞滌濯鳥味卻腥膻好
振容先暇無譁戒更專枕戈長徹夜囊土倏經年帳密霜晨捲堤高雪夕眠
拊膺期滅此聚類必殲旃方幸羊公莅咸稱韋武賢海隅息蹂躪民命保安全
望蜀誠難已窺吳又復然跳梁窮鼠游釜迫魚煎慷慨登臺誓倉皇結
陣聯帆檣摧鷺背風雨吐蛟涎礮落流星彈弓灣滿月弦鄭師偏北向欒
伯奈東旋功隳垂成矣軍無後繼焉尸臣崇社祭上將返星躔頓駭屏藩
撤難禁涕泗連屠鯨誰出手鱷竟無權野哭聞山鬼忠魂泣杜鵑　紫
泥輝彩日丹旐冷秋烟蔭嗣邀簪紱營祠肅豆籩太常書竹帛內府給金
錢葵藿輸忱悃牲牢備潔蠲永教矢忠爽奚止報埃涓像許丹青繪詩慿
梨棗鐫誰貽長命縷偶作小神仙壯士隨旌旆偏裨鐙着鞭闌忠歌當
哭愧之筆如椽

署寶山學訓導蔣如洵少泉

又

三年海甸系安危報國心堅事可悲生死豈能同日語英雄要自在人為圖形何異凌烟閣廢壘真成墮淚碑叠荷 恩綸名不朽忠貞惟有

九重知

丙子舉人由知縣推陞直隸州知州 李雲棟 楣生

又

駭浪起么麼親提殺賊戈將星驚墮地觀海淚成波

又

正氣塞乾坤千秋史筆存英雄名不朽成敗莫須論

戊子舉人郭 瑚 乙峯

又

潁川將軍人中龍手掣雷電鞭霓虹三年海上揚旌幢晨笳宵柝鳴琱弓蛟

蟠藏形避厥鋒自昔關門鎖鑰稱萊公先後一轍無異同簞醪飫將士鍾乳饜

兒童指日刑牲擊鼓真蹴蛟入宮果然壬寅五月八日破曉日瞳矓妖魅突出吹腥

風我公結陣當其衝手燃巨砲摧艨艟豕蛇千百紛紛隨水血染滄波紅彷彿班

超三十六騎臨西戎刲耳花面碎易俯首稱英雄無何天不許公遂成平虜功征

鼙喧急如雷轟欒伯不聞馬首東中行無奈相追從猿鶴滾滾猜沙蟲公

時裂眥恨滿胸摶戰愈力力已窮斑斑碧血濺蒿蓬嗚呼人生斯世正如

弱草棲塵叢後凋惟有栢與松如公就義多從容貞魂毅魄如與張巡

周處一笑欣相逢定然攜手直上蓬萊之頂捫蒼穹怎怪哀音達

九重太常書策禮從隆尸臣祭社祠宇崇簪纓奕葉欽華宗此後長塘一跂蹱芝

軒鶴蓋想雍雍宏風願顯靈蹤馨香到荷悌𢣸直與吳淞之水長始終

戊子貢生郭爾泰 珊洲

又

南來山鬼忽披猖一面將軍信可當何事天心偏縱敵不教雷雨助昆陽

此心只向帝鑪丹肯以孤危瞻自寒岍草萋青濡碧血長城新錄任人看

幕府封章達 帝宮褒崇逾格勵孤忠劇憐一樣司專閫生死哀榮獨讓公

祇是東瀛撤障屏含沙蜮鬼瞰前汀汾陽未出睢陽死嗚咽潮聲不忍聽

邑廩生侯晉雲 也亭

又

五年持節駐東瀛玉帳刀弓掛月明馬上廉頗猶矍鑠軍中李牧獨威名誓言填

巨壑鯨批鱷欲踏滄波尾剪鯨何事同仇忘敵愾頓教海澨失長城

死生出入歷重洋驃騎勳高一幕張雪壓貔貅連竈火風號鵝鸛肅戎行威稜壯

奪河山氣心事明爭日月光莫怪臨危無返顧從容就義答君王

霧暗雲迷海日寒郎機駭浪析桅竿前鋒已報投綱別將偏教馬摘鞍隻手

尚思擒頡利孤軍無力禦呼韓一腔忠憤憑何寄嗚咽潮聲響急湍

江城此日競傳訛新鬼煩冤喚奈何天上星芒沈上將人間淚點灑通波跳梁任
試幺麽技棄甲誰哉勅勒歌料得睢陽為厲鬼雲中殺賊尚提戈
悵望雲天想節麾兒童負販淚俱垂靴刀太尉終成讖馬革將軍竟裹屍草
健兒臧碧血焚香義士酹清卮圖形褒鄂依然在縑帛家家答畫師
警報遙傳達
九重
綸音下逮恤孤忠屏藩百世家聲遠俎豆千秋祀典崇閭巷故應留氣吳天常
此仰英風他年蘋藻羞前席定有飛鸞下碧空
邑庠生孫步堂
驚地妖氛震海隅八閩移節又三吳敦詩說禮真儒將馭石澆沙古陣圖但以師
貞期破敵因勢急計全軀隻身陷陣風雲慘子王收軍各有無
正氣能大節臨難之以死竭忠忱英雄莫論功成敗庸儒誰籌禍淺深淞水旋

旗空在眼海天鯨鯢尚驚心行人指點袁崧壘一樣流芳說到今

犄角遙連獨挽戈將星夜落痛如何頻年介胄生蟣虱別隊弓刀亂鸛鵝營建亞

夫軍令肅碑思叔子哭聲多屍還馬革非虛語史冊昭彰事不磨

九重震悼錫絲綸奕世綿延荷

國恩氣壯河山千古烈光昭日月一心存家聲閥閱簪纓貴廟貌吳淞俎豆尊何

異圖形麒麟閣上蘋蘩到處薦忠魂

國學生邱銘祚古琴

又

中外軍師絡繹馳海天旌節又重移銀塘風雪侵犀甲玉帳烟氛颭虎旗此日成

仁兼取義平生誌禮又敦詩睢陽往事應悽慨氣壯山河大節持

弓刀別隊共籌邊老去陳平仗鉞光屏翰威聲傾萬里雨風櫛沐歷三年鵝鸛列

陣看飛隼馬革還屍感跕鳶幸荷　褒崇隆典邮大名青史炳流傳

邑庠生楊春奎

又

移節來吳會三年苦用兵公真不惜死人盡可憐生淚灑軍民血潮吞日月聲

朝廷隆卹典俎豆並簪纓

國學生邱同璋

又

闕嶠峰屹雲表篤生英義奇而矯横矛奪欃槍飛鏃翦鯨鯢無大小

銘功紀績議太常印懸手後黄金黄十丈牙旗飄錦繡一翎孔翠豔縹緗

前年戰越驁狼獠疆索遙連可無備皓首廉頗百戰身躍馬吳淞駐星轡

鑾駐吳淞一水偏陣雲漠漠海雲連亞夫營接袁公壘越石軍揮祖逖鞭士卒

同甘復同苦兵歸約束民安堵廉儉真同馬伏波風流疑是祭征虜登壇決

策意氣揚龍泉腰下星吐芒願續呼韓馳露布梏擒頡利獻

君王蟲鶩羅刹呿龍户兎車水伯紛跳舞砲火横摧鼠背帆劍鋩迅斫鼉腰鼓三軍

喊殺聲如雷肯教夷奴片甲回備設巢車添象燧定殲卵駱埽鵃媒無忝家

皮馬似虎子玉妝軍竟歸楚楊干敢亂曲梁行欒伯忍食中行語力竭將軍

血已抵先登殺賊尚聞呼兎冑林中嗟裹馬結纓臺畔竟捐軀從此海天塞

雲霧哭聲四野愁無路椎心遙指恨填膺賀蘭坐抱睢陽誤思君不見

想君臨公臨忧惣無幽陰韓刀入陣原初志馬革還屍本素心

天子聞音劇震悼

綸音三錫卹

鸞誥簪纓繼世合傳家俎豆千秋宜食報吁嗟呼人生大節只有三親尊義重聖

賢檐世人臨難輒苟免成仁取義幾虛談如公凛烈全忠節報國心堅堅似鐵

蜂蟻也摧韋武肝陂塘草濺嵇康血堂堂正氣凌長空俯視別將憐沙蟲

三載曾排鵝鸛陣一朝頓攪馬牛風放眼古今覽前史不朽根原但求己公

名不泯公身亡公有千秋而不死他年蘋藻薦清羞重視昇平說故侯靈

英風颭波濤靜瀛海天清日月浮

邑庠生孫燮堂

又

百戰老英雄鷹揚久効忠奮身爭殄寇嘗膽恥和戎功為羣僚誤名非

烈士同傷心將伯去馬革葦蘆中

水戰苦無船狂瀾障幾年三軍誰報國一柱獨擎天生死榮哀集華夷

姓字傳千秋洵不朽遺像邁凌烟

邑庠生黄樹滋

又

三載東南苦用兵枕戈持節憶專征勢孤不救沙角蛾力竭空思浪掣鯨一寸丹

心懸日月千秋碧血表忠貞蕭蕭蘆荻長空畔憑弔應懷細柳營

又

邑庠生王春旭

俄驚大將隕星躔，無復狂瀾障百川。吉甫出師空六月，伏波臨塞柱三年。雲昏朝灑千夫淚，月冷宵沈萬竈烟。聞說援軍軍莫繼，垂成功敗總凄然。

曾經百戰著勳名，海甸屠鯨一柱傾。對壘獨先當勁敵，被創猶自策殘兵。孤忠堪北河山色，浩氣長隨日月行。贏得九重隆卹典，贊纓繼世荷褒榮。

又

邑庠生楊晉階

為子當盡孝，為臣當盡忠。全忠則全孝，義理觀其通。哉哉顯川公，白首官階崇。八閩移節來，三載此從戎。長塘列鵝鸛，扼要蹲羆熊。兵民一以視，甘苦士卒同。衷心盟白水，武庫羅胸中。一朝鯨跋浪，呼吒鳴琱弓。鞭雷更驅電，斬馘摧艨艟。弦絕援莫繼血染征袍紅志決無返顧一死償初衷吁嗟大夫士列職為任工恩深義益重臨難不有躬致身翼名教成敗皆英雄 朝廷重忠節褒卹典禮隆簪纓與俎豆澤衍無終窮他時瞻廟貌懷在欽英雄

國學生高培焜

樂府四章敬弔振威將軍謚忠愍蓮峰陳公

一葉舟 謂移鎮也

將軍開府開鄉里 主眷高深近無比又因重地節鎮移三吳邊海開營壘橐鞬鼓角紛紛迎夜深一葉扁舟艤飈遺騶從概屏除淩援泯絕心如水將軍來兵民喜

一幕張 志防堵也

將軍來駐海疆歷寒暑一幕張蘆荻叢深集蚊蚋旌旗盡颯風雨雪狂公而忘私盡厥職無稍疏怨無張皇枕戈待賊夜達旦唱籌道濟沙頻量歷

寒暑一摹張

士挾纊 記撫巡也

角聲明月旗颭風海濤飛白窟火紅將軍竟忘尊崇眠食上下苦甘同恩不稍減威亦渥言言真摯出至公巡行行陣撫士卒一時挾纊春光融士為公効力公為主盡忠

鞾中刀 悲殉節也

鬼聲啾啾蛋氣毒每列艦如雲勢相觸郎機震地烟蔽天鉛丸霰集皆着肉將軍殺賊振臂呼鞾中藏刀義不辱焉革裹尸分所當援軍不繼孤軍哭九重震悼錫典崇千秋汗簡名芳馥生者愚死者福

邑庠生陳　玠

又

裹尸馬革願從酬丹陛褒忠錫典優推度不矜官一品大名已炳史千秋空懷殺賊

張巡志難格和戎魏絳謀國體人生公獨保峴山碑在涕交流

國學生朱 紱

又

血染征袍作鬼雄勞盟帶礪答孤忠見危授命從容甚都是平生氣力功

光明磊落性情真節鉞端推老大臣報國若無公一死江南柱石更何人

國學生徐中熹

又

數歷封疆又移麾建節陣列長旛秋笳雲慘黑夜悵月昏黃屯鐵騎背銀

章一意射天狼溯平生憂民叔子情賊睢陽驀驚兔魅披猖竟裹屍馬革

濺血魚腸戰場魂魄殺太空姓名香盟帶礪祝蒸嘗錫鳳誥輝煌歎將軍

忠肝義膽虎步龍驤

邑庠生高嶽生

又

殄寇經疆志未伸征袍濺血遂捐身三年節鉞思遺愛半壁屏藩失重臣漫道深恩酬國士只憑大義答君親堂堂正氣留江表此後睢陽有替人

捲地風沙接海門將星獨殞月雲昏三千犀兕剛成陣十萬貔貅已撤屯碑口預傳成信史綸音疊沛卹忠魂吳山閩嶠瞻祠宇共葉家聲繼後昆

邑庠生黃　綬　曉村

又

韓范威聲振八閩節移江左更誰群三年盡瘁歌零雨一戰捐軀泣暮雲白草黃沙遺故壘丹心碧血護殘軍他年晉祝昭靈祀還策尸臣未了勳

生許論功閣入麟死猶不愧古完人河山帶礪垂千載江海安危系一身詎肯賢勞矜獨我只將忠孝勵同寅言尋細柳重回首落日荒涼灑棘榛

又

邑庠生侯應瑞 淞樵

環海鯨波惡孫軍殉海邊將星驚墜地妖焰欲迷天憶昔停驂始同時望歲尊
兩江資保障四境待安全細柳營初啟長松尉並銓披圖嫺步伐拊卒効旬宣
撫憑袁壘舍君皇著祖鞭綋貔分隊肅鵝鸛列行堅曉色寒鼙動秋聲畫角
圍雕弧彎滿月草堞瞰前川距躍騰三百鈐束一編習學躬運甓敵愾令諴
氣作桓桓虎情忘跕跕鳶量沙追道濟挾彈陋韓嫣同溯橫戈日兼思駐節
年受餞防素食貴士浥廉泉出邏辭張蓋加餐斬擊鮮金鏑晨共警玉帳
夜無眠謗口難潛爍忠忱允塞淵孫盧知褒膽羊杜信齊肩錫命師中吉籌
防閑外權相期安草野長許樂桑田豕突崇朝起鴟張巨艦連鯨鯢銜尾進
狐竄鼠跳梁前結陣當關出麾旗帥眾先狂瀾翻蜃與飛炬貫猿烟雷震郎機
礮弓鳴霹靂弦千丸隨電掣萬火併潮煎樓櫓頻轟碎桅檣忽倒懸彼夷肩鳥

雀我士盡鷹鸇已喜征東利從知逐北便快殲魑魅醜淨洗犬羊膻豈意垂成勢徒
憐後繼遭賀蘭私擁護檗伯總遷延事變嗟如此英雄尚勉旃隻身拚馬革
餘毒逞蛟涎周處接何絕張巡力不癲裹瘡還奮臂飲毒更張拳頻使長
城壞旋悲大樹顛同仇誰健者授命獨怡然可惜身心瘁空勞手足胼城徒操
筦鑰塹豈免破蚰蜒紫渤銘應勒蒼生涕盡漣感恩能負骨遺像想雖躔乾
國魂依闕酬公祭賜筵簪纓綿後嗣祠宇紹前賢哀悼頒
綸綍馨香薦豆籩壺頭功未就峴首惠同鐫此日丹心炳他時青史傳

邑庠生陳其淵 靜之

又

三年海上獨登壇戈甲森嚴壁壘開乍見帆檣摧鷁首旋驚風雨泣龍堆濤聲
萬壑魂猶怒燐火三更鬼亦哀日落長塘聊悵望青蘆蕭瑟掩蒿萊
皓首將軍百戰經雲臺合與繪丹青犁庭掃穴忘衰暮報國捐軀樹典型周

處絕援人抱恨張巡臨難獨懷刑榮襃蕘荷酬忠烈奕世應流俎豆馨

國學生郭夢祥

又

震海妖氛萬里遙沿江烽火動連宵陣排鵝鸛東容肅浪跋鯨鯢敵志驕天鑒
孤忠名不朽身拚一死恨難消即今憑弔吳淞路終古悲風咽暮潮
江上袁崧護壘孤推公死後與爭驅從容衣帶具名將呼吸風雲烈丈夫蕘荷
恩榮踰九錫深銘盛德徧三吳梯杭要在籌邊略更有何人繼遠謨

邑庠生周志源

又

老當益壯信雄才欲把狂瀾隻手回跋浪鯨鯢紛滿眼橫江鼙鼓聽轟雷三年未遂
孤臣願一死難禁萬姓哀留向荒堤埋暴骨忠魂挾怒濤來
時艱纔可識忠臣猿鶴沙蟲自不倫一寸丹心酬

主春滿腔碧血濺江濱波濤萬里風雲慘福宇千秋俎豆親愧我軍門空獻策請纓無路

達

楓宸

邑庠生倪洪濤

又　　篤

南紀屛藩肇夷氛忽蔓延跳梁來覬覦横海樓船閫命籌江左提軍屬潁川朱顏

循沃若白髮已蕭然刁斗嚴三五牙璋隸八千雨風油幕罷出入筍輿便結客虛前

席儲糧授俸錢暑無張雨蓋渴不飲貪泉虎豹陳韜畧蛟龍避挺鋋干城推

一老寒暑歷三年料得先聲奪魏膽奏凱旋丁晨飛霹靂午夏警烽烟

十幅揚帆疾準輪激水圓火珠衝陣烈鋏騎搗營堅氣挾波濤壯身居士卒

先撣戈義駐馭躍馬電流鞭報國迴腸絕捲兵望眼穿鯨鯢逞毒肆猿鶴竟聲

烟戰士黃沙積將軍白草眠悲歌雁斫地哀怨欲呼天骨訪黿沙畔魂招鷗鳥邊

如生存白面誦德遍歌絃無復狂瀾障偏能大節全彤庭催淚灑恩綸九重天帶勵盟山水馨香肅豆籩蒼涼無限思泚筆續瑤篇

邑庠生倪　炳

又

三年旌節駐江城海外鯨鯢膽盡驚方冀同仇齊敵愾何圖別將敢偷生星沈霄漢嗟初落血濺波濤湧不平賴有　聖朝隆卹典他年青史獨留名

邑庠生楊楚源

又

八閩移節下吳城海澨長連細柳營裘帶風流羊叔子寶刀揖讓衛長平三年枉瘁行間力一死惟留史上名愁殺江南諸父老不堪回首淚縱橫

樓船金鼓震淞城莽莽塵沙撲滿營大樹欲傾心自定長城頓壞恨難平死生事業都歸命成敗英雄總是名指日肅瞻新廟宇靈旗風細篆烟橫

漫言衆志可成城詎起于思遠撤營躍馬竟無唐李晟當關惟有漢陳平安邊夙抱孤

臣願率土爭傳上將名落日西風尋故壘蕭蕭蘆荻莽縱橫

白日蛟螭竟入城將星驚已落前營人思欒伯還多感事擬睢陽更不平海上風雲

齊變色江干草木亦知名他年尸祝瞻遺像定覲遙天一鶴橫

邑庠生黃兆豫

又

濟變應需蓋代才一身欲障百川回平生料事洞觀火抵死呼聲疾若雷豈意貔貅

虛列陣獨令猿鶴切深哀長城坐隳關時數海上曾瞻使節來

拚教心力儘纖毫當世應無髯絕倫三載撫循同戍伍一時義烈激瀛濱秋濤蝕岸

魂猶怒春草留痕血尚新勝算迄今紆左顧羣公何以答

歲貢生王日綸

楓宸

又

烽火連天起海東船如山立鬼何雄誓擒車鼻心逾壯未斬樓蘭力已窮不惜捐軀

攖寇難特邀揮淚鑒純衷會看他日榮尸祝鶴蓋蹁躚度遠風

邑膳生趙應璣

又

書生誤國漫和戎不惜將軍障海東馬革裹屍酬素志男兒到此是英雄

身騎箕尾竟歸天取義成仁學聖賢多少功名留畫像幾人眞個稱凌烟

海水蒼茫江水遥風吹不盡去來潮丈夫若不沙場死便是偷生負 聖朝

民不知兵未報恩國殤重與賦招魂浪淘不盡英雄淚江月何時酹一樽

邑庠生孫錫瞥

又

白頭元老赤心兒三載東瀛仗護持漫向兵家爭勝負毋從軍國計安危一腔熱血

全身膽九曲迴腸五夜思不是匹夫溝瀆諒孤忠合有　九重知

國學生孫錫著

久

燕頷功名世共論鈿花絢彩舊沾　恩三年障波濤靜一戰捐軀志節存淞水幾人留勁骨沙場終古泣忠魂傷心馬革還尸日蘆荻蕭蕭落照昏

心與吳淞白水盟尊親重義覺輕生臨沙千丈風雲慘龍袞千秋俎豆榮獨矢丹心照青史永留浩氣衛蒼生飛濤怒激轟雷震獨聽當年鼓角聲

腥風漠漠陣雲飛壁壘縱橫戰鼓稀已分黃沙埋玉骨拚教碧血污朝衣桓桓熊虎人何在莽莽乾坤事竟非莫怪　九重增太息封章入覽淚頻揮

垂老廉頗獨據鞍豕奴此日膽猶寒轅門血濺天難問峴首碑存淚共彈隻手未能殲巨逆大聲猶欲叱狂瀾昭忠指日崇祠煥敬爇心香拜將壇

邑庠生鮑宗鉦

又

將畧神斯勇軍容靜不囂謙恭羊叔子謹慎霍嫖姚國有長城倚渠偏小醜跳妖氛
横碧海士氣怯紅標憶昔承平久於今雨露澆經文還緯武薄賦更輕徭七戰懷諸
葛三旬格有苗征誅周武歌祝賀唐堯養望誠應重談兵轉寂寥世榮爭印綬
人樂啟瓊瑤閬閶寒梅好營園細柳嬌梨花春醉酒梧月夜吹簫一旦烽烟起伊
誰志節超不知膺大秩何以率群僚惟我軍門在居然古道昭賢勞臣盡力知遇
主恩邀靜鎮三年久威聲萬里遥夢魂縈
帝閼心事託征軺慷慨家何有艱辛骨欲消舳艫銜尾進霹靂打頭雄接戰兵誰繼
瀕危敵轉嬌勢難支獨木星已落前宵慟哭孤城舉傷心野火燒三軍爭退遁
百姓怨漂搖嗟此殘棋局回思覆轍朝豺狼紛起噬鵝鸛雜喧嘵統帥深居守
將軍逐一凋忠良同死難先後共爭翹節勵俘臣殉魂應士庶招令名垂不朽深恨
結難消所冀人如虎相期手射鵰請纓夷就縛賜劍賊先梟宇宙金甌奠乾坤玉燭

調英靈常護屹海國獨長久焦碎踴號千室　恩綸下九霄忠魂還佑國古烈共揚鑣但使神如在從知福可要徘徊來絕岸瞻拜肅高標漠漠愁雲積蕭蕭痛木飄悲歌未終極嗚咽泣江潮

邑庠生孫寶仁

又

頻年障海聽奔瀧志決身殲氣未降百戰英雄人第一千秋義烈世無雙恩深淚溢春申浦怒激濤翻胥子江桐顧崇祠隆秩祀典型長此式南邦

邑庠生宋師節

又

肅官方

肅官方策籌防耳城移節來淞陽倭如豕突夷逆鴟張枕戈終夜長徨徬率僚屬軍士佽視利祿如敝屣返璧但受飱鳥烹却甘旨漫誇劉寵選一錢

将軍只飲吳淞水

整軍伍

整軍伍三年士卒同甘苦不曾風號與雪積結草為營傍水滸荆楚得羊公合淝屯韋武方幸寇不侵疆土潮聲日夕撼枕邊貔貅萬隊夜不鳴

殉海疆

殉海疆南方五月翁海塘舳艫萬里來重洋旌旗蔽日日無光殺氣空中來陣雲慘不開連天礮火轟如雷將軍中傷墮礮臺墜礮臺星沈水蘆荻蕭蕭悲風四起君不見馬革今朝竟裹屍萬古丹心仍不死

沐皇恩

沐皇恩煌煌丹詔來紫閣　天子灑淚士民痛錫命稠疊襃忠魂竹帛書太常金錢給內府英葉雲礽耀簪組敕祠守崎兩省經營指日告功成金碧照耀翻旗隼祀事孔明功格謹忽看殿角愁雲千載英靈想忠愍

又　　　　　　　　　　　　　　　　　邑庠生楊　瑾

閩嶠生英俊宗風衍太邱封圻膺重寄帷幄運奇謀江左開軍府淞陽建節
樓蘄王欣再見指日縛蠻酋
誰道鏖兵日群公但惜身禽奔陷周處獸駭悮張巡照水丹心在凝沙碧血新長城今
已壞回首淚沾巾
憶昔初聞警魏瞻使節來陣排鵝鸛肅帳列斗牛回鳴國三年瘞鼇峰一旦摧
江頭潮水至嗚咽不勝哀
幸有　聰明主聞音淚暗揮籌纓綿後嗣俎豆行前徽天與仁兼勇人懷德與威
芳名傳奕世汗簡有光輝　　　　　　　　　　　邑庠生劉慰曾

又

建牙海上憶三年玉帳人空倍愴然軍國謀猷原在己英雄成敗總由天魂歸閩嶠啼山鬼日落吳淞泣杜鵑此後更誰膺柱石從容一障獨乘邊

議敘職員張思纘

又

寒風暑雨歷三年故壘重尋覺黯然碧血留痕原上草丹心照水鏡中天行人怕聽山陽笛海國空啼洛下鵑祠宇他年隆肸蠁定垂昭格助安邊

議敘職員張思紘

又

海疆辛苦幾經年殉節沙場意灑然一點丹心可貫日萬民悲憤合呼天長塘百里風前淚廢壘三更月下鵑試聽吳嗚咽水怒濤日夜吼江邊

議敘職員張思綰

又

連年風鶴警吳鄉旌節移來靖海疆人擬丹青圖博誌天教風雨泣睢陽孱軀獨自完臣分抵死終期捷鬼方留得口碑心史在簪纓俎豆并流芳

邑庠生朱　枚

又

天教元老作干城滄瀆新添驃騎營冒雪巡防追李愬餐風淡泊尚蘇卿赤心午夜氷同勵碧血千年草自[illegible]復江南誰銷鑰怒濤日夜有餘聲

邑庠生王國光

連年烽火閃丹霄力戰身危志不搖三載威名班定遠九原心跡霍嫖姚樓蘭未斬魂猶怒盾鼻空磨敵轉驕父老至今懷節鉞不堪更聽海門潮

馬興宗

又

軍中一范敵皆驚水沸鯨呑駭浪橫兵法那堪無後繼將星忽見落前營長留碧血

風雲護獨矢丹心日月明試向吳淞江上望怒濤猶作鼓鼙聲

捐軀報國矢忠貞榮辱於今孰重輕敢說三年迄力盡原期一戰廓氛清 聖朝自是明刑賞志士終當死生青史大名垂不朽悲歌畢竟恨難平

顧金相

又

將畧推孫吳將才重頗牧踔躒潁川公功名慕推轂燕頷虎頭身飛沖竟食肉澥島縛孫恩樓船駕枌榆破[illegible]封疆鄉關駐張轂譽望孚八閩威聲震六服庚子及壬寅醜虜布鴆毒移節來江南長塘壘堅築甘苦士卒同號令風雷肅彷彿諸葛公八陣開魚腹板屋居三年雨風勞櫛沐潔已矣公明兵民相輯睦驀地海氛張怒吒裂眥目疾雷轟鼓鼙烈焰爐舳黑白鬼無名紛紛墮鳥鶩無何諸別將未戰先退縮峩峩大廈傾勢難支一木一死效孫忠悲風振陵谷天子聞哀音揮淚奏牘重叠賁絲綸孫曾迓景福轉祠宇建瓣香競尸祝易名并

賜爵史書表芳淑兒童買販俱想像效蛾伏恍惚神之來靈旗飄馥郁入夜箕宿明光芒射水澳照見血痕新草色濃逾綠餘怒猶未平波濤滃洄洑狀拏無能思公額頻蹙足蘆荻影飄蕭埋骨有遺鏃太息無如何長歌聊當哭

朱孔陽

又

節鉞下箕城長連海上營蒙公明[illegible]月[illegible]志戮鯢鯨水面妖雲聚濤頭殺氣橫勢孤援又絕一柱竟先傾

日色曉無光哀音震海疆三年心力瘁一死姓名香報國情懷壯褒忠典禮煌他時廟貌祖豆永流芳

朱式訓

又

殺聲耳震地砲如雷海甸風吹戰血腥羣鬼一時殲黑白孤忠千載炳丹青那知鵝鸛徒排陣

竟令鯨鯢逞跋溟未掃妖氛心未死淞流嗚咽不堪聽

沈士禎

又

東南半壁倚長城手障狂瀾誓斬鯨可惜于思皆棄甲讓公青史獨留名

此讐義不反兵戈援絶睢陽竟奈何血戰捐軀豈要譽忠臣從古恥言和

沈士端

又

鞠躬盡瘁作干城鬼亦揶揄痛未平持節三年忘寢食服官一意矢忠貞軍中夜靜

風傳柝海上天寒雪滿營正氣毅然臨大節見危詎共褚淵生

風折牙旗血濺袍鯨鯢跋浪陣雲高戰酣壺碣將軍箭力盡靴戕太尉刀痛切閉閣碑

隨淚感深將士水投醪褒忠幸沐　恩光厚奕世應傳虎豹韜

邱同文

又

枕戈海上已三年日射牙旗手控弦聲欲撼山驚戰鼓勢同背水惨烽烟子思先棄華元

甲飛渡終虛王濬船不使英雄酬素志撫胸直欲問蒼天

七十年華百戰身炎風朔雪歷艱辛丹心盡瘁酬 明主白首專征重老臣作僞人皆勞

且拙見危公獨勇兼仁可憐嗚咽吳淞水一勺還偕俎豆陳

潮聲日夜撼長塘衰草凋青恰照黃千里安危身獨係三軍甘苦味同嘗愁雲遍野

悲亡卒遺鏃沈沙弔戰場夷虜未平公已死峴山碑下淚沾裳

張軍誰與賊同仇玉帳風威獨運籌報國固能臨大節和戎今已得深謀詎知陣名

成鵝鸛畢竟風徒歎馬牛炳若日星青史在芳名從此足千秋

印同階

又

烽火連濤雲捲雪海上妖氛撲未滅此身與城同存亡城亡身死心如鐵八閩移節來三吳

長塘百里旌旗列寒暑三年一帳中職守清嚴勵臣節鬼蜮跳梁倉卒間光[illegible]靴刀志已決 朝廷恩重及子孫千秋廟食酬忠烈感公盛德被斯民歌思泣懷氣哽咽廢壘荒涼草已生碧痕猶是戰時血

印同方

又

跋浪幺麼起海東量移節鉞此臨戎魚腸三尺風吹鍔虎帳千屯月掛弓但有孤懷盟白水更無一事愧蒼穹最戚遺德三年久怕聽鵑啼血染紅枕戈久已矢丹忱電掣雷轟殺氣侵蛇豕紛紜爭道疾鯨鯢出沒撼波深孤軍力慨千夫竭上界星驚一將沉從此尸臣留節義用酬 帝眷勵官箴竟唱子思棄甲謳更無人肯賦同仇臨危恥作全身計抵死仍懷報 國謀血濺淞波應帶熱魂歸閩嶠尚含愁青天搔首還私問肉食誰方據上游爭傳先軫面如生頂禮焚香夾道迎豈羨功勳同衛霍更因俎臨笑韓畫圖想像

留遺愛 綸綍褒忠出至情英道長城今已壞丹心耿耿照東瀛

孫撥方

又

力戰捐軀願未償悲歌回首淚沾裳投醪句踐生多愧罵賊張巡死尚僵留得孤忠扶

節義憑將浩氣正綱常即今赫奕瞻祠宇猶有威靈護一方

孫仲方

又

不到艱難日焉知桂石臣數奇悲李廣援絕俟張巡成敗原無定英雄自有真萬年

青史在屈指幾完人

高鈺生

又

百戰威聲振百蠻節移海上鎮雄關將軍心跡清於水記取吳淞第幾灣

三載長塘列鶴鵝擧醪鍾乳感恩多不將薏苡招疑謗絕勝當年馬伏波

連天砲火閃波紅別將投戈避下方不有我公明大義江南誰更守孤忠

馬革還尸願不辜綱常名教一身扶他年青史書丹烟麟閣依然入畫圖

郭凌蒼

又

白首鄉關建節旄江南移鎮靜風濤三年板屋朝馳檄千隊貔貅夜鼓刀正擬黃龍傳酒盞偏教碧血染征袍海天砥柱從今折莫更登壇講六韜

王椿齡

又

枕戈中夜獨憂勤欲爲 朝廷靖寇氛一木總難支大廈孤忠誰與表奇勳海濤洶怒留生氣混壘深沈結陣雲太息英雄功不就沙蟲猿鶴亂成羣

馬革何堪竟裹尸丈夫許國早先期精勤每見巡防日慷慨還摅誓衆時報 主

心存魂不死立名身殉史長垂申江流水生嗚咽似為東南萬姓悲

毛錐久矣愧兜鍪風鶴聲傳影不留正氣賴公存一綫芳名誰敢并千秋伏波事業羞龍尾定遠功名企虎頭何處重教瞻砥柱狂瀾見解向東流

數載經營心力殫一朝中廢付長歎海西舊將亡楊僕江左宗臣少謝安泝屏幾時恬枕席鯨鯢何日靜波瀾多旬羽檄無消息援相還應議築壇

蔡英

又

虬鬚三尺戍吳淞一點丹心報九重誓掃欃槍兜虎計安溟渤靖魚龍久懸忍使翻頹浪魑魅應教遁遠蹤孰使無成功忽敗長塘蕭瑟白雲封

大海濤翻竟損身精靈肯逐水同淪尚餘中外旬宣志果是東南柱石臣旗鼓無援忠益奮英雄雖老節纔伸回頭更有傷心處綠滿茸城草自春

蔡克思

又

滄波萬丈集艨艟捲地妖氛出海中天遣雄才膺重寄人欽大略倚元戎金堤日上朝標
甲玉帳雲連夜掛弓畫角聲酣飛霹靂怒濤寒激戍樓風

鼙鼓雷喧賊勢驕將星忽墜痛飄搖連天烽火沈朝爨滿地江河咽暮潮一死誓將心
報國九原應有氣衝霄七閩敢問家何在未掃欃槍血淚飄

百里淞陽駐重兵長城頹壞眾心驚玉棺好掩封侯骨青史長垂大將名投水俘臣
同死難負屍勇士并輕生九重[illegible]息宣丹詔廟祀千秋肅牲幣

蔣亨升

又

潁川將軍真人豪身經百戰揚旌旄三年蒼兕臥鼙鼓一朝白馬乘風濤海上連年有
邊警　詔書特許公移鎮持重能收將士心忠貞獨効疆埸命戕哉巨砲東西
臺樓船橫海風烟開此是江南金鎖鑰紅洋萬里唱檀來消息南來堪一慟出

師大將銘旌送越王墓下陣雲寒羅剎磯邊雪花凍從容冠劍領諸侯幕府風流江左愁豈有龍韜稱節制漫勞虎僕誤軍籌萬事從來悲掣肘如此雄關偏失守壞雲昨夜壓城頭棄甲來朝瞻馬首公時意氣凌雲霄登壇慷慨藏靴刀姑翦滅此後朝食三軍視此如鴻毛火龍百道赤標怒白鬼傾窠黑鬼苦十盪十決勢未窮再接再厲事乃誤江頭告敗日紛紛死事流傳尚未真霸上棘門等兒戲蕭娘呂姥各全身聞道今年已通市 朝廷自為蒼生計羈相詒下萬人歎（可憐）六郡良家子太息昆池有劫灰即今誰是濟川才袁家戰壘西風裏滄濤潮聲日夜哀

僧妙塵

又

結髮事從戎曾收百戰功一生全大節九死鬱孤忠潔己名臣度登壇上將風軍中范老闢外倚韓公簪笏家聲遠蒸嘗世祀隆千秋碑墮淚屈指幾英雄

高鵬沖

又

安居久矣不知兵擊壤恬熙樂太平誰道跳梁來小醜擎天有柱一朝傾

悲風颯颯動靈旗廟貌千秋俎豆宜一片丹心猶護國海天日出想威儀

羞鏞

又

將星降同安承平幸上[illegible][illegible][illegible]學潛龍水嬉等獲地壯投細柳營高抗丑父志

誅鋤草竊奸重洋瞧匪類効命歷三朝頭銜擢不次破格官於鄉廿載忽遷

位靜鎮島夷中洋闖集市肆大蠹簡命來風師送星使下車未及旬移節驅

征騎初寒暑雨中持籌立赤幟海潮薰天奔沙灘枕戈睡身先士卒勞三

年鞠躬瘁軍威感至誠肝膽萬夫萃吏氛焰焰天望風畏趨避檄報火輪

船所至輒向壘將軍鎮海隅倉生命所寄閩浙肆猖狂南下趁風利餌以壯

膽丸同仇破敵易砲轟動地雷鯨鯢烈火熾陸海紅雨飛不退亦不遂揚旗猛指揮船燒破三四逆船將回頭難與奪我帥從茲乘勢攻奏凱可立致不作李陵降貳師奈勿濟後勁望塵逃忠權失指臂登陸被夾攻火彈若雨墜四面殲洋鎗骨碎乃心悖怒髮指天衢難寫承恩字北望拜 天顏死猶正其誼惟時邑從人冒險身嘗試舞刀火軍中鶴負逃淵遂被創痛之深迺向蘆葦棄歸營亦命終到死心不二蒼茫蓁莽閒求屍不可識村童慣追隨執卷為指示與屍面如生視殮衆稱異山積紙錢燒海沸淚珠漬忠烈匹睢陽易名合褒謚史筆重千秋斯人庶無愧

侯選直隸州州判華亭 周蕚芳

又

將軍天賦神武姿英氣蓄舒天亦知戎帳兀坐孰可犯吳淞一口難匡持風艳精忠志志堅者取金石試波 自春撞石不流火常冶鍊金純粹 手探腹藏韜

畧開奚撣大海飛氛埃軍門振鼓陣無敵馳逎船樓潮湧來無端一礮入莫

測身受千創未休息士卒輸誠奮怒攻九峯三泖清如拭巨勲兢將陳　九

重節鉞失色寒烟封三軍萬姓齊一哭向若不顧狂濤衝此時將軍死若生忠

肝義膽天分明　天恩疊沛耀天下閩鄉勝於吳地榮可識此心終在海靈

威不泯垂千載皓月一輪照榜山但聞谿水聲潺湲

海寧陸以鈞一哉

又

生死者君子與小人共焉者也小人生不得其生雖生若死君子死得其死雖死若

生提督軍門振威將軍蓮峰陳公乃閩之同安人本行伍出身歷任提督諸

韜略悉水師其訓士卒多方為　國家盡節凡此分內之事在所不必論方其生

也民歌其德賊畏其威官弁敬其廉兵丁揚其正而我獨服其真及其死也

民為之憂賊為之喜官弁為之敬兵丁為之怯而我獨為公幸何也吳淞海口

乃江南之總口也公承　簡命督守三年周詳嚴密下聞於野上達於朝一朝失守公若不死公必至於死公一至於死公同不死年近七旬壽也兒孫世襲功也萬民祭奠名也　賜建專祠福也是以爲幸也標安徽太湖人中乙未進士因漕事革職辛丑夏投効軍營爲公之護衛公死亦死亦死宜也然不死非自爲計爲公屍計屍全公死而安標生而順但臨死之時其悽慘莫名者惟標得而知之砲折足鎗穿胸血流卧地　標負於蘆中猶有哀聲曰天乎天乎天不滅賊乎我死矣爾逃得出焉否耶爾倒也罷爾膽氣還好於斯也氣三吸而絕謹紀其事以爲崇仁尚義者鑒

摧折中流砥一枝軍民上下各悽其直觀死後扶　日猶憶生前勵士時浩氣渾如雷電怒忠心暗使鬼神知三軍共灑英雄淚況我隨轅更覺悲

將軍盡命實堪憐烽火催人刻莫延矢志不防身　憾居心惟願國安全滿腔熱血埋黃壤一片忠肝鑒碧天此次平夷懷未遂九原諒欲逞威權

太湖劉國標再蘆

表忠崇義集卷上

上海邱經　陳兆奎　戴宏琦　手錄

陳忠愍公化成殉難吳淞劉進士國標負屍匿蘆中作詩紀實

婁縣許　燿　淞漁

飛砲轟天海氣紅紛紛組練盡沙蟲三年官守勞防寇一死臣心止有忠殘壘旌旗頹慘霧餘哀蘆葦戰秋霜裹屍馬革尋常事只恨跳梁未掃空

元戎共識陳驚座裨將爭推劉更生壯語含冤辭宿衛隻身收骨走江城抽刀殺賊心何壯磨盾題詩淚欲傾儒雅風流能若此願將縞紵慰深情

又

太倉楊廷棟　豁軒

昔瞻陳公像烈烈英風猶颯爽今讀劉公詩鬱鬱壯志徒傷悲枕戈三載吳淞營旌旗一麾十萬兵死生緩急誰可恃帳下惟有劉元城砲火轟天歿於戎身騎箕尾陳公死征袍濺血戰且行屍裹馬革劉公生前軍星隕大如斗蛟龍怒挾海濤走

一死一生同不朽忠肝義膽在人口

又

上海劉 淑書樵

辦賊何難事臨危不愛身養兵誰玩寇取義獨成仁溝壑原無變松筠自有真

蘆中收白骨天意護忠臣

又

上海張春華秋浦

蒼波傾倒將星沉一髮千鈞力不禁舍我更教誰任重惜身無可報知音群公慰藉

褒高誼壯士艱難淬寸心海畔重尋蘆荻岸怒濤日日吼龍吟

又

寶山沈士楨濟卿

不斬鯨鯢死不休匪躬蹇蹇志誰侔可憐一品忠臣骨只藉蘆中義士收

屍全馬革報恩隆磨盾題詩血淚紅青史美談千古慕英雄端的識英雄

又

上海林 曜范春

犄角兵威歎不支東南草頻淒其右師所滅驅車後壯士勾卑在列時寒暑徒虛三載

歷忠勤何精萬人知此心直似江潮遠滾滾不盡悲長流
從古英雄不受憐敢希殘喘片時延干城惟子堪相倚荻岍非公冀自全大義捐生
徽揗日哀聲臨死記呼天九京耿耿丹忱在默佑終操百勝權

又　　　　嘉定王兆均

天塹洶湧怒濤横獨立籌邊一劍輕沿海悉依公砥柱何人竟壞我長城妖星忽入定軍
壘落日光寒細柳營好與睢陽同廟食千秋一樣矢忠誠
卧薪嘗膽歷諸艱保障曾無一日閒甲帳披丹心力瘁戰袍凝碧血痕斑烽烟此日
餘空壁舵舶何時服遠蠻砲火光中刀影裏虧他壯士負屍還

又　　　　寶山朱鏞 玠舟

海濤怒海雲横醜虜敢入吴淞城吴淞昨夜大星隕詰朝火砲雷砰轟陳湯誓斬
郅支首三年露宿矢藎誠為守要隘軍令肅猝冒鋒鏑士心傾瘡痍徧體猶强起
呼天滅賊已吞聲負屍裹革部下將不避艱險全一死生吁嗟乎為臣死節迺臣分將

軍隻手爲楮撐蘆葦颯颯風淒急猶爲孤魂寫不平

又　　上海邱學淳杞珊

吳淞雨岸砲如雷萬燎樓船悉燼灰隻手長城三載護傷心大將一朝摧戴天不共
忘身殉羅幕惟知得士栽遺恨妖氛猶未滅陣雲隱隱結蘆隈
慘悽玉碎不能全盡贏得英雄泣涕漣裹革已甘爲斷後棄戈忍問孰居先青鋒紅濺
軀甘試苦竹黃蘆息暫延讀罷哀章增感慨群高義媲前賢

又　　上海吳驥秋惺

吳淞口外曉雲生吳淞歷亂行人行陳公戰壘枕滄海披肝瀝膽何錚錚維公三年隸
留守南望烽煙暗星斗誓掃鯨鯢志不回視兵皆我同袍友獨坐樓堞豎義旗火
攻八陣軍聲馳力扼雄關慰　北闕指洛欃槍望捷時哀哉蒼天不滅賊要時鴞
陣滚沙黑千聲萬聲霹靂來孤星慘澹日西昃同時武臣太湖劉感深知己成好
仇哭公之死人不見敬公之死幽光絢屍負蘆中只自知惟公之力天鑒之當年曾有

蘆中人磊磊落落遥相親

又　　上海范嘉埜 位五

虞殯唱迷離將軍死節期側聞鍾建負始得伏波屍慘日依山角孤星落水湄

前瘢肯尙楚況乃泣呼時

又　　崇明龔汝翼

伏波橫海舊將軍移節吳淞蕩寇氛壁壘三年鳴鸛雨樓船五月壓蠻雲

飄零大樹思馮異慘澹孤蘆泣伍員孰使擎天一柱折橫江組練竟紛紛

越石原來幕下賓吹笳恨不散羌人將歸先軫猶生面士作句卑使隻身義勇可

風能報　主忠精不滅即為神迷傳　天語親揮淚豈獨江干泣士民

又　　上海朱錫焜 上樵

忠勇鑒千秋文章任去留吳淞灘上淚長與水爭流

又　　上海黃鉞 相林

劉公再盡忠義士誠悃不渝生與死死者殉難為國家君保其屍感知己賊氛當日熾

江南赫赫將軍韜略諳師有同仇敵可却兵無後繼戰空酬擎天巨手遭人掣勝

勢變時翻敗勢騫地雷轟血濺身邊天霧慘冤淪髓將軍仆地賊勢張螢豕誰

復周麾揚忍見鬼輪馳鬼火倒戈卸甲奔牛羊惟君護衛隨轅右馬革裹來

親荷負潛置蘆中十日餘顏色如生曾不朽嬰城含殮視棺慟哭難酬知遇恩

更憶呼天悲永訣迴腸九斷欲摧心紅羊刼換兵消革殉節將軍聲赫奕君於殉

節知最詳闡揚鄭重書瑶冊義高得士推田橫有五百人共死生闕里皇皇昔多士

壇墠築室哭失聲太息世風日澆薄君子直繼古人作公義私恩得兩全奮身

那惜狼烟惡愧儂樗質少聞知敢和陽春白雪詞行義感君今罕匹幸哉風

教賴維持

又　　上海曹樹杏二香

何物么麽敢蔓延吳淞匝地起烽烟那堪莫埋忠骨自有丹誠格上天事到艱難

惟一死身經保障已三年民心愛戴君心眷涕泗交流共泣然

洵是清時第一流蕭蕭蘆葦不勝愁裹殘馬革千金骨啼老鵑聲五月秋懸櫺冤

情能得士枕戈心事感同仇九京遺憾應消釋稚子能文爰遠猷

又

上海張嘉釆成五

火礮轟天海水紅將軍血戰誓成功當時若使和衷濟拭目跳梁盡埽空

三年防寇身心瘁一旦捐軀氣節多寄語從軍諸將士歸元先軫面如何

又

華亭徐吉雲水西

吳淞江水清江潮入海夜有聲吳淞江水濁海風吹江波濤惡將軍江上軀海

氛三年固壘成堅軍一朝戰艦連檣至礮火轟天驚魑魅臣力已殫夷勢熾

但有一死報天子帳前劉毅膽一身負將軍屍氣獸志蕭蕭蘆葦藏忠魂

蘆中人誰家子奇氣特鍾太湖水蘆中人姓劉氏國標其名武進士進士為報

知己恩負骨不畏狼烟熾碧血點點蘆中存將軍死為忠進士生為義精

忠大義可以風吁嗟乎精忠大義可以風世

又　　上海艾德堃　靜淵

將軍得士士心傾慷慨登臺力獨撐臨敵何妨甘一死負恩莫敢幸重生可憐馬革歸元帥賴有鷹鸇揚護素旌三復艱難全節語英風蕭瑟淚縱橫

海氛揚沸陣雲昏上將星沈濤怒翻一士勁前憑膽壯九重優詔慰忠魂哀吟表節言徵實紀事濡毫淚暗吞不負平生知己感克酬公義與私恩

又　　寶山沈士端　選卿

戰血滿蘆灘將軍力已殫負屍創并重殺賊影偏單勁節驚重譯精忠羡二難何特伸義憤生死兩心安

又　　上海江駕鵬　翼雲

貞心勁骨傲霜枝誓掃妖氛獲匪其幟立一軍身殉處大飛萬箭血流時短兵陳後原常勝善射劉琦不負知一死一生均爲國潮聲來往有餘悲

越石雄心不受摧軍門獻策上賓延將才兵法平生藝公義私恩獨力全目擊瘡痍

惟有血身經負荷莫回天蕭蕭蘆葦藏忠骨如此英雄許達權

又　寶山郭瑚乙峯

預識防邊聖見周伊誰致此養癰憂三年海民親枕一死臣心碧水留性儉每遺羣

卒搆力危猶碎敵人舟丈夫殉節平生天太息星沉隔夜洲

丹旐嘐城廿里颸齊呼當代一睢陽如公不為傷飛砲彼虜何能至建康忠骨幸留義

士護蓋忱宜荷　聖君揚從今海上驚濤吼疑是英靈怒氣張

又　上海黃淳源鋑樵

天生忠勇奇男子不問其生問其死公生海外歷戎行屢建奇功從鹿耳後圖華堂晝

錦開持節將帥鎮桑梓公死海口靖夷難誓師殄滅黑白鬼五十餘年習水軍

死生出沒烟波裏慷慨免胄先軫先奮擊厲碎睢陽齒公之威名布天下公之

功業垂國史我家近海信足徵曷禁揮淚為銘誄公來兩載大海濱士卒枕

戈同臥起兩浙相繼陷連城逆夷狡狙來窺視　天子英明知公深注南江北長城恃
一木難支大廈傾武臣偏受文臣制五月八日逆夷鋒軍無後繼兵先徙致公捐軀民
受殃喪師失地國蒙恥裹尸十日面如生哀號遍滿都人士六人麾下感恩威從此
廟食留姓氏　帝曰欽哉恤從優　賜蔭　賜謚　則崇祀魂兮歸來海不波貽忠告
廟藏三矢英雄事業聖賢心目眥盡裂髮上指公死不死隔幽明願公如生蕩奸
宄若頌平時節操廉只飲吳淞一杯水

又　華亭陸慶堯　月舟

虩虩砲聲中將軍血洒紅元戎留白骨壯士竭丹衷願掃豺狼盡甘拋屍革空死
生皆得所忠義兩英雄

又　上海氾

成竹原無葉與枝試思形勢若何其水邊熱血沈埋處天上靈魂痛哭時同苦義深
軍士協受傷情極鬼神知倘非名將蘆中負骨不能收悲又悲

風塵相賞為才憐朝夕相從上客延孝思忠肝依古重文章武略此身全趙雲膽大
原如海賈誼詩成欲問天勝負兵家無足異蘆中孰是敢行權

又　上海程鍾橫　桂坨

巨砲轟天石亦飛紛紛賊膽懾雄威恨他負國師先潰李靖難擒頡利歸
身死能全報國忠地連滬瀆繞袁崧淒涼蘆子年年渡一樣悲哀起暮風
隻身收骨氣昂藏慷慨悲歌夜月凉幕下尚存劉信叔會看斫馘靖跳梁

又　上海曹樹耆　潞齋

籌邊三載備艱辛保障吳淞倚此身氣本無前期殺敵事難逆料竟歸神兵民深惜
摧良將江海同悲失重臣比户爭瞻遺像肅鬚眉歷久自常新
壯歲功名願未酬軍門投策感攀留陳蕃何　收賢士劉毅終當展遠猷圖報　君
恩存素志計藏忠骨達權謀即今回憶蘆汀畔烟水茫茫萬斛愁

又　上海沈嘉森　芝山

比歲妖氛熾全憑保障功如何虛挾纊莫肯體和衷賊膽因無忌臣心但有忠可憐
賫志日風雨起蘆中

隻身投幕府矢志在平夷未斬郅支首終全大將屍驚魂依落日吮血裹殘旗痛
定悲無限酸聲萬楚辭

又　寶山凌貞一 子仙

百道妖氛斂氣紅可憐莽莽半沙蟲九原碧血終懷恨三載丹忱止効忠幕府竟能收
國士蘆中長自泣秋風迴思殉節捐軀日蕭瑟靈旗遠道中

孰識機宜見不生從戎浩氣獨縱橫題詩疑入驚天集杖劍常懷近海城大義如君
應膜拜風儀我於己心傾幾回追念臨危語翹首青天無限情

又　上海郁松年 泰峰

軍中盡識楊無敵塞外咸知撼岳難可惜鯨鯢天未厭落梅風急海潮寒

頡利會看組練縛徐汪終有受降時他年得闕忠貞顧寄語元城祭莫遲

又　寶山俞時亮 道生

三年苦節保危疆大帥兮刀凜若霜瞥眼蠻帆背欲裂衣驚心辰市膽先張旌旗戰壘風雲動砲火樓船霹靂揚輿論他時徵信史千秋靈爽發幽光

又　上海楊尚敏 補堂

不少同袍師武臣遁逃河上作清人三年披甲堅軍志誰伴風濤訴苦辛

大廈原非一木撐滿腔忠憤恨難平出師未捷身先死想見哥舒痛哭聲

星沈大將失元戎孤鬼縱橫出草中指點荒原埋骨處千秋知遇有劉隆

馬革何妨竟裹屍從來仗義有男兒可憐血染征袍碧叫盡蒼天黯不知

又　上海周宗泰 卯雨

史筆千秋定一枝忠誠共鑒動淒其相依大帥傾危日獨對三軍慟哭時壯氣已無生一死戀精誠惟有鬼神知我從旅邸瞻韓後每憶公祇今悲

英雄從不乞人憐幕府曾叨上客延圖報深恩真不負好收遺骨尚能全三年江滸勞

酬主一息斜陽泣，向天竚待蘆中人再起烽烟掃盡振威權

又

華亭唐天泰 玉如

驅鱷誠空抱屠鯨事竟艱將軍赴難死壯士奪屍還振臂瘡痍裏飛身砲火間英雄兩不負忠義共追攀

幕府將軍客平生國士知忍傷藏碧血和淚寫哀詞天意憐忠骨公名震黯夷蘆中人可起盪寇靖邊陲

又

陳文本 德士

共仰軍門劍佩雄長城道濟凜威風一行酒肉酬營下三載星霜宿帳中函首何人甘與難慘心觸目矢孤忠丈夫志在平堅寇到死猶旂手颺紅

固壘辛勤歷數年轟聲巨砲手親然觸槐客幸鋒能卻著跗丸愁甲為穿怒目鬚飛羞割地哀聲心裂痛呼天劇憐蘆葦全屍革一死端因為國捐

又

上海毛祥麟 對山

旄星慘澹塞雲收血染征衣遍地愁磊落英名垂萬古將軍何必定封侯

鶴猿陡化漢營空屍革悲殘蘆荻中萬里火飛河水赤英雄墜淚戰袍紅

又 寶山朱慶榮 春舲

大蔡當年挽鏌戈曾偕李鵬奏鐃歌狼烟永静三山地鰲島偏揚萬里波天下蒼生思謝傳中原老將重廉頗威聲久樹華夷望溫寇重來兩鬢皤

吴淞坐鎮擁旗旌訓士頻將大義明戴首 帝恩山嶽重關心民命羽毛輕三年戈枕霜風久七日軍驅鵝鸛行祇望功成憑一戰東南保障肇長城

五月妖氛逼海東登陴慷慨氣如虹焚舟雷震郎機砲徹札風鳴霹靂弓預料彼軍都似氣誰知我將不皆熊手思棄甲兵無援血戰捐軀萬古忠

嗚咽濤掀兩岸蘆堂堂正氣藉持扶古今代有稱名將宇宙公真丈夫揮淚 詔書頒鳳闕招魂詞賦集鴻儒褒忠卹愍崇祠宇永仗英靈護海隅

又 上海曹耀宗 蘭谷

海上鎮三年忠軀一旦捐人稱肝膽壯我羨姓名傳砥柱誠堪倚同僚孰共賢砲臺遺跡在經過淚淒然

又　　震澤張景星　煥棠

烽烟驟起獨支持折足穿胸殞命時血淚丹忱誰與表忠臣義士兩相知孫軍慟哭爭從死　天子垂憐特建祠自此海邦歌　聖德至人心鏡別妍媸

又　　上海孫寶杰　斗墟

血戰吳淞仗此忠從來革裹是英雄將軍一死　天恩報國士單身義士崇萬古綱常存海表千秋俎豆慨蘆中九原長抱妖氛恨欲鼓貞魂力掃戎

又　　上海吳昌泰　星槎

忠矣陳軍門義哉劉進士海口兩完人一生與一死

忽報江天落大星六軍黎庶淚飄零鬼方空計三年伐祈父徒傷百戰經[illegible]負發灘懷俊傑神依廟貌薦明馨出師未捷千秋恨掃蕩妖氛敢乞靈

浙東與海警相連不信烽烟禍蔓延上將戰方趨敵後中軍潰恨率兵先睢陽遂受賀蘭制李靖難擒頡利還若使靈旗歸故土忠魂應戀九峰山顛

又　　寶山朱承禧　薌石

噫公之存也作萬里之長城公之殁也駕五丈之落星其孫忠致　九重之揮淚而遺像復千載之如生我獨惜夫貌公之形傳公之神者終不能繪公之心海雲黯澹兮海水深在天之靈兮長抱此報國之渠忱

又　　上海徐渭仁　紫珊

大星如斗落前軍砲火連天散陣雲絶命原知關氣數建牙空顧策奇勲罷中鼓吹迎龐德海上蛟龍擁伍員部曲何人酬國士他年遺事説劉君

又　　巢縣汪人驥　逸如

羽書絡繹四年中蠢爾貪狼技已窮破格救因憐赤子負恩甘自外蒼穹妖氛未靖舟山右蠻船爭驅滬壘東慷慨委身完大節堪悲嬰叟鑠老元戎

誓為全吳資保障籌邊三載鬢毛霜相戒嚴武備常披甲鼓勵軍情輒賜觴隔夜星沈

天有象詰朝雲慘日無光裹屍出險談何易聽訴從征欲斷腸

道路傳聞尚意虛旋驚此耗達丹除小民迎櫬牽衣拜 天子從臣灑淚書心跡原非

求表白口碑何處不唏噓紀忠難得長城筆讀罷新詩恨有餘

聽說攖鋒力負奔肯教忠骨畀狼吞風吹蘆岸淒聞語血染征袍慘見痕國士自深知

己感我儕猶復幸公存昂藏留得軀長在佇掃欃槍慰九原

又　　上海范文錦　硯香

吳淞當勢急通變善權宜義膽天驚絕忠心鬼暗知局開從未有名播卻無

涯文武材兼備真稱百世師

又　　慈谿阮靜美　惺菴

甲帳星沈羽檄馳江東義士効忠時他年未了誰修墓今日還須君 屍歸盡不同兵

弁走存心宜有鬼神知可憐大樹飄零後魏尚雲中望節持

海水群飛浪接天軍門大書勇獨爭先伏波年老心猶壯周處名尊節自全勁骨願將裹馬革忠魂恨未滅狼烟戰絶血染蘆花今月落吳淞聞杜鵑

又　　上海黃本銓　涔三

昨夜星沈霄漢間孤臣身殞玉門關三軍慟哭完生節萬姓香烟識死顔上海徒防捨入海寶山欲守奈無山千秋廟食吳淞水潮汐長流血淚殷

又　　吳江張　澹　春水

從來壞木疾無枝殲此身難贖百其隗順凄酸藏碧日伸由慷慨結纓時能令溥海人心敬不負平生國士知紀事一編三復誦英雄千載有餘悲

竊禄紛紛詎足憐草間偷活喘姑延報恩不信成孤注致死仍圖策萬全忠骨歸元憑義士仁聲共惜勳堯天建才摧毒爇知多少鑑難唯君可與權

又　　上海姚際唐　祝三

生不願享利禄凡庸比死不馬革裹屍不作奇男子桓桓軍門志何堅儒將名將咸推

美海邊運甓亂淬經營再閱寒暑憐彈指誓將精報 王家雖老猶壯筋不弛吳淞五
月海濤雄竊發跳梁鼠逞技亂行無奈客兵驕莫有鬥心百步止潰天烽火海南來
秋草徐州先披靡退舍難禁已潰心客兵徒擾本兵耳風行有聲壓飛雉日薄無色
驚哭豕由來臨難識忠貞到此偷生焉足恃桓桓軍門振臂呼身被重創蹶復起親
督當時麾下兵同仇益切睢陽齒精衛願結海中冤爲赴軍門譚復旨烟雲飛哭
砲台傾一木不支繼一死死時猶自祝皇天願開神砲保民千萬里海濱轉戰負公軀
卓彼大力真壯士蕭蕭風雨蛟龍愁生死兩身蘆荻東七日來復面如生正氣不染螢
烟紫吁嗟呼大將立功不遇時鞠躬盡瘁斯已矣堪歎重兵遠引何師師不念千年
醜罵垂青史忍使蕭條滬壘遍生荆東南雄鎮摧殘從此始戮力盡若陳軍門安得
夷蹤來至此忠魂猶咽暮潮寒蕩漾隨波溅海水貪狼蠢蠢敢復來終作神明
殄滅爾陳軍門猶不死

又 上海程泰康

紛紛潰卒鳥驚枝，公獨才猷克壯期。詎意力殲小醜日，適當天隕大星時。元龍氣概人爭仰，華虎威名敵早知。一片忠魂千載在，秋風應起怒濤悲。

忠烈恒教義士悽，感君幕府上賓延。隻身收骨心偏壯，竭力酬知願未全。禦寇氣吞蛟蜃窟，題詩淚灑鳥蠻天。家風都護今如昔，會見榮膺節鉞權。

又

上海呂敞文鈺　式如

殉節忠臣有如公，古未曾三年勞節鉞，萬姓倚岡陵。壯士群夷懾，餘恩士庶稱。艱貞試遭際，青史碧常凝。

士卒愧奔逃，英雄義氣高。心唯知主帥，死不等鴻毛。碧葦埋忠骨，寒塘咽怒濤。鴻編哀撰在，讀罷意蕭騷。

力盡難酬聖主恩，荻蘆颯颯泣忠魂。只今空有吳淞月，曾照將軍血淚痕。

哀風淒雨咽危灘，仗義全忠兩劇難。一片貞心同不泯，莫將豪俠等流看。

又

寶山錢　霑　麓鄉

義能激勇勇赴義氣壯河山拱百二將軍義勇冠三軍 天子知名寵任寄視師海上威聲揚虎臣矯矯衆莫當江南半壁此重鎮百計備守艱辛嘗莫道三軍屬司命令懸皎日中天正旌旗變色細柳營嚴疆坐擁貔貅盛無端五月軍書驚仗節何容計死生羽隊忽看移玉帳石堤空說固金城砲火連天打仗急擊破夷船復入大呼殺賊陳將軍勢與夷人不兩立伍符遣調官兵多不救將軍可奈何誰復長風破巨浪頻教海水沸揚波吁嗟乎千載城南戰場古將軍死事人能數大義常伸大勇貽誓為厲鬼有餘怒

又　　趙裕

幾見鶺鴒寄一枝將軍此況最淒其蒹葭幸得藏兔地鋒鏑難期解甲時白刃蹈來魂膽烈赤心披處鬼神知出師未捷身先死死者含悲生更悲

孤身冒險問誰憐報德須還一息延太尉韓刀原不辱將軍馬革竟歸全定知名姓垂青史無媿胸懷證碧天指日會看公束鉞幺麽膽落懾威權

又　上海姚泰亨　湘濤

魂攬吴淞戰血紅今朝纔識大英雄兩朝仗鉞真名宿一旦成仁化叔風生戴海民懷保障死邀　聖主泣孤忠我來再拜傷心地忍聽行人話曲衷

又　趙連如　伴山

親燃砲火擊英夷視死如歸志莫移報國尚含千古恨殉身不負　九重知虎賁此際都寒膽馬革何人爲裹屍耿耿忠忱天動鑒軍中早置一勾卑

鋒鏑餘生膽氣雄負屍疾走蘆中方知幕府將軍客洵有漁闗俠士風一念至誠防辱國三年辛苦不矜功更看棄槊操筠管能代元戎表隱衷

又　崇明周日庠　燕亭

公本猶人耳胡爲死亦生能完一忠字自享千秋名氣塞乾坤壯心懸日月明至今申浦水還帶鼓鼙聲

又　崇明龔喬松　芾莊

提督雲閒姓氏標防邊智勇絕同僚萬夫聲勢風雷疾報國精誠日月昭捐命疆場

惟一死壯猶元老歷三朝　九重恩詔加優恤封廕原非等倖邀

從來名將數無多何幸重逢馬伏波三載風霜持節鉞一朝烽火泣刀鞾忠魂不泯猶

赤鉄面如生鬚已皤青史千秋無異議獨留浩氣壯山河

又　　　　　　　　　　　　　寶山蔣敦復劍人

頴川將軍真人豪身經百戰輕荏苒三年蒼兕卧鼙鼓一朝白馬乘風濤海上連年

盛烽警　詔書特許公移鎮持重能收壯士心八分憂顧敵疆場命截截巨砲東

西臺樓船横海風烟開此是江南金鎖鑰紅洋萬里唱檀來消息南來真一慟旌頭

夜夜欃槍動越王臺下陣雲寒寒羅刹磯邊雪花凍從容冠劍領諸侯幕府風流

江左愁豈有龍韜稱節制漫勞虎僕誤軍籌萬事從來悲制肘如此雄關偏失守

武臣死耳復何言　皇恩天重誰先負公時意凌雲霄登壇慷慨藏鞾刀始翦

滅此後朝食三軍視死如鴻毛火龍百道赤熛怒白鬼煩寃黑鬼苦十盪十決勢

未窮再接再厲事乃誤江頭告敗日紛紛死事流傳尚未真霸上棘門等兒戲蕭娘呂姥已全身聞道今年已通市　朝廷原為蒼生耳蠲租　詔下萬人歡可憐六郡良家子太息昆池有劫灰即今誰是濟川才袁家戰壘西風裏滄海潮聲日夜哀

又　　上海戴宏基　竹香

公是龍門百尺枝無端被廢歎淒其陳蕃幸沐收賢後劉敬欣逢展志時滅盡鯨鯢忠共矢變生蟲鶴事誰知遂遂伍相酬恩日一樣蘆花兩樣悲

帥堪憐亦士堪憐詎為偷生喘息延祈父爪牙如繼死將軍屍革賴誰全蒹葭窮稿肩存危地金石精誠感昊天留守既亡應岳代望公節鉞東斯權

又　　崇明施作舟　翩池

頻年海上警傳烽無一官軍敢折衝但說賊來爭避銳卻教民去代攖鋒八閩虎將臨三泖七旬鮐耆出五茸矍鑠據鞍思報國櫛風沐雨駐吳淞

六泉城外枕戈眠刁斗森嚴壁壘堅李廣苦甘士卒張巡忠義感神天功全吳越三千

里威鎮華夷數十年倘得和夷成素志策勳直可畫凌烟

帆檣絡繹往來頻銜尾橫江蹴火輪鬼國狼心無父子　皇朝麟閣有君臣肯辭汗馬勞

三載誓滅么蟲靖萬民慷慨出師猶未捷枉遭淪沒可傷神

將軍難得死沙場死到沙場姓氏香德感三吳家父母功隳百戰慟　君王九原碧血千

秋恨一點丹心萬古芳愧煞元戎聞寇至偷生先去作民望

又　崇明朱浩源　樵雲

不少防邊侶三年共運籌公惟拚一死名乃重千秋萬姓揮紅淚三朝剩白頭哀矜

天子詔環海湧新愁

又　上海張彥清　惕廉

戰艦如山濁浪翻將軍忽潰作雄藩千重兵氣連江口卅載威聲振澳門幾見伏波

傳馬援曾經滄海擊孫恩沙蟲未靖烽烟警蜃市樓臺白晝昏

三載吳淞禦寇鋒厲兵待將有誰同　君恩未報留餘憾臣節無虧亦善終叱吒風雲

驚醜類肅清江海望群公將星畫隕重洋險設祭人奠盡忠

又

崇明施於身子譽

將軍若非陣中亡焉得轟刀著節姓氏千年芳每見太平日久貂蟬重幾多兜鍪韓白撫髀牖下空悲傷方知馬革裹屍本是武臣大快事拚將一死贏得龍驤麟振幾行青史載煌煌試論蓮舫陳公事令我淚血沾衣裳既乃破涕大笑嗚呼陳公真自強人生兩大既有我有我既作丈夫行不肯齷齷齪齪過一世正須烈烈轟轟做一場閫從麾節叢中論人物輔周輔隙一體同籌疆或輕裘雅度或繡帽華裝或分瓜結賞或買絹相將或抗颺完虓虎或圖書寶橐橐或雅歌投壺標暇逸或刁斗自衛矜嚴莊或樓煩白羽投案成岳之林密或漁陽黑騎冶鐵為群之披猖或推轂或授纓或天子執鞭百僚屈膝或名書烟閣貌畫雲臺傳指難數鴻聲駿烈輝煌常凡皆成就陳公富若貴總由默佑在穹蒼君乃至事變常極之以死報夫豈斷頭將軍甘自強抑或造物不仁忍摧中流砥柱廈屋棟梁其中定有

多少難言無窮掣肘難鳴孤掌獨徬徨萬無如何出師未捷身先喪徒使天下英
雄同聲一哭恨不叫破九天閶闔嗚呼陳公真自强當其專閫受重寄其城五月咸聲揚
袁崧壘上森旗幟黃歇江頭排艦航弓鳴霹靂馬閃雷雖張蒼齒盡而據鞍矍
鑠七旬馬援鋒難當曾聞張掖弛國之臂足以扼狄羌曾聞胡嶠初入契丹四境資
保障公力縱可逮公績猶待颺 聖眷日加隆臣心愁未遑一氣直吞赤白馬抗愍萬
古勉周章如按榆谿塞如列酒泉亭鄣如屯夾河卅四部如積循城三千倉如築
全居以通北國如置廣田以絕西方如統二庭四鎮以任我指臂如踞七關三郡以淬
我鋒鋩且如復廢館且如增秋防且如竟度武遂且如直入咸陽且如標銅柱之
界且如跨渤海之洋且如傳檄白龍堆畔且如勒銘蠮螉塞旁且如立神壘軍於青
海且如築受降城旋遐荒翳昔籌邊業舍公誰頡頏因擁一旅師鏖三年力餐風
飲露作苦忘不嘗蟣虱滿介胄枕戈終夜心膽張金城之守危而固十圍五攻參
究詳正合奇勝善衡折周軍飭壘真堂堂聞公出身由行伍同安果毅本屬羽

林郎鷙勇曾領貔虎隊三齊射手七百人中獨虓枝穿楊論功一日起緹騎振威
西陲燒郭王達頭群驚史萬歲敦煌戍卒名素彰老矣還兼頗牧猛誓賈袁年
餘勇為戎　朝生民司命提出全腔肝膽凜烈同爭日月光不料難抒壯志將星
五夜落寒塘猶憶辛丑之歲三月暮鯨生渡江曾將彪虎鴻儀望營門獻賦不
作張元輩欽挹徽忱久已中心藏早知光弼奮身期必死未幾烽烟滿目沈舟破釜
恍若驅群羊公以一身獨當萬里長城任方叔名虎將不判低昂一鼓而魚麗列再
鼓而鵝鸛翔三鼓而風行雲布四鼓而雨驟星忙五鼓六鼓而虎翼蛇蟠龍飛鳳翥
會六合雷轟制掌八陣變化極微茫公乃据唐公壘執綀沈鎗馳驛則山岳傾撼叱咤而
麒驥騰驤倘得須臾之稍緩定見崩山破潰摧盡輪檣倘得左援之相接定見懸旌
戟矢掃盡艅艎倘得前茅之不失定見歸萬馬於滬瀆解五牛於申江倘得後
勁之不動定見吞蓋天之蚊蚋遂遍地之虎狼此公臨陣之壯志也亦公平日之熱
腸奈何朱序呼來域內袁宏煽逞風狂鈒焰騰雲光閃爍陣雲捲黑眾倉皇巨

砲震天大轟析男兒死不足惜只惜曩者瞎已三千生噉蜀子志未償孰不為眦裂

孰不為公神愴孰不為公撫圖畫孰不為公譜宮商我獨為公淋漓染翰滿志躊躇

是敵也實公之功人極力為公爭大名於宇宙俾苦節於廟廊是更蒼蒼者之報施忠

勇事奇幻一方小醜潛引數蜩螗不為　朝廷損不為生民殃特為陳公計生後幹旋

千古俎豆之馨香頓使大江以南有宿將生曾刻膚死猶嚼鋏睢陽為厲鬼凜然傑氣

震江鄉　天子乃揮淚下詔　重恩破格褒忠良蔭後百年永簪笏專祠而省隆椒漿

噫陳公死得所矣豈特如侔述耿韓推得主豈特如黃金周飾兀兒林豈特如三韓貴

胄席寵禁宮一時赫奕重三唐豈特如陣馬悲鳴士卒哀死以及軍民割股共薦鄉從

看靈旂呵護報涓埃於億萬禩永永河山社稷與并長嗚呼陳公真自強更難得公

之麾下劉公出萬死一生力全公屍於蘆蔣足徵恩感材官秦兵將帥作俞娘不愧三

隧四義五行十守勇趯趯他日名將傳中虛一席為陳堯佐另總大綱嗚呼將軍若非

陣中亡烏得鞾刀著節姓氏千年芳

表忠崇義集卷下

上海邛經 陳兆奎 戴宏琦 手錄

陳忠愍公化成殉難吳淞劉進士國標負屍匿蘆中作詩紀實

上海朱 英 俊卿

慷慨臨戎日妖氛撲面迎將軍能殺賊一死見生平萬里長城壞中流砥柱傾憐他麾下士洒淚話從征

又

崇明龔 鈺 養泉

將軍三載擁旌旄海上烽烟壁壘高生有忠肝懸日月死餘怒氣激波濤若非專閫師先潰孰使跳梁寇竟逃風雨蕭蕭蘆荻岸可憐血戰裹征袍

蜑舶蠻艘拍浪迎吳塘戰鼓不成聲元戎已失陳堯佐幕府空劉更生碧葦招魂雲慘澹紅榴濺淚雨縱橫即今士女瞻遺像猶似將軍細柳營

又

上海趙晋棠 子蔭

刁斗森嚴夜不驚吳淞三載倚長城至今浪湧波翻裏猶似將軍戰鼓聲

大將星沉壁壘空帳前劉毅亦英雄何君知遇歸君骨已是從征第一功

又　常熟周世昌 小村

保障吳淞隻手難報恩誓欲斬樓蘭三軍辛苦千軍共百戰勳名半壁安小醜待殲餘怒激大星忽隕陣雲寒仙霞舊跡經過慣愧我緣慳未識韓

韜鈐少小書能讀管鑰東南勢最尊悲壯有人憐馬革披猖何日息鯨吞孤忠矢處烟波湧遺像瞻來淚眼昏惆悵年年榴火候三吳一例與招魂

又　顧瑩 石痴

血戰古英雄丹心獨効忠鯨鯢疎網漏三載志全空

殺賊事偏難將軍力已殫何人收白骨灑淚滿蘆灘

又　上海陸樹華 秀巖

五茸老將是陳摶來守吳淞障倒瀾三載堵防屢奏凱一軍橫掃膽驚寒獨當飛砲烽

難撲不惜捐軀國保安幸荷　聖恩酬恤典專祠特建表忠肝

又　　　　　　　　寶山朱掄泰　麓春

三年行帳宿甘苦士同之烽火連宵警軍書旁午馳知生何有死為國自忘私一語彌留際呼天滅賊誰

又　　　　　　　　上海黃溶源　次香

泉山之下海潮急山海鍾靈產奇傑海濱生長海濱亡山光暗澹潮聲咽我公弱冠歷戎行逐寇身持仗八槍十盪十決妖氛掃孫恩道覆走且僵卅年坐鎮桑梓地烽燧無聞波不揚英夷無端擾粵省聯艅北達閩浙境陷我定海後如狙江北江南齊告警公移旌節駐吳淞揮戈誓衆軍容整寢處茅蓬二載餘不問炎歊與寒冷誰知殺運自天開兩粵軍鋒次第摧乍浦孤城旋告陷夷船直指寶山來鑠公之名威公勇欲進不進姑徘徊午朔越八晨雞署冒死嘗公船暗渡銅砲鋏轟震天轟火彈如星難計數公披短甲麾衆前手砲擊船船半仆痛恨東偏犄角虛將逃

兵潰將公誤致公憤結髮尚銜致公傷重血流紅嗣業豈攖定史刑師中詐受女真鐵勝

勢虆時轉敗勢挐天手竟為人制軍無後繼將星沉孔曰成仁孟取義逾旬入殮面

如生婦孺紛紛亦淚盈荷君握兵三四萬不取民間草一莖丈夫飛章報　天子

天子慟念公忠誠　賜祠　賜謚　賜恩蔭九原之下公目瞑　關天培祥福葛雲飛謝朝恩王錫朋

鄭國鴻麥廷章一樣捐軀委鋒鏑若論平生恩於威乃公流亞非公匹公才遠與周處頑援絕

軍孤身殉國公心上與張巡同裂眥碎牙氣吞賊一木難將大廈支功敗垂成真足惜

吁嗟乎分符鎮將亦雄奇臨陣身先棄甲馳從公死何寂寂唯聞麾下六偏裨

又

上海黃雲桂　伯琴

老將桓桓軍一枝威名萬里亦聞其方排鵝鸛雲連陣詎料馬牛風散時三載艱辛

兵卒共一朝殉節海天知鬼神默佑劉忠士羸得屍還少減悲

將星夜墜實堪憐浩劫難回喘莫延義膽縱為人共仰忠肝常恨策難全輕生願死當

危地雖死猶生質昊天勅建新祠遺像在至今彼虜怖威權

又　　上海王　揆　治山

撫循士卒生前易結識英雄身後難堪羨軍門僵卧也竟留國士負屍還
不難効死伴元戎馬革何人裹我公君捽忽將輕重討從來仗義即全忠

又　　崇明龔　鳳梧軒

海氛連歲禍相延不愧忠良有幾賢一死公真無可奈千秋史部有堪傳士甘同志
頻年守功敗垂成淚灑穿組豆馨香長表海士民哀憤莫能捐

又　　上海趙晋榮　二川

吳淞戰鼓如轟雷闖然巨艦排空來七閩八越失鎖鑰橫海將軍安在哉是時三吳
資保障陳侯矍鑠心猶壯背流久若滄溟東籌邊肯把彈丸讓吁嗟賊勢何侵迫
蠢爾貪狼肆蠶食時危戰苦陣雲深海水撤翻海波赤陳侯矢志驅長鯨烟飛火
迸神不驚惜哉咫尺妖氛突傷胸穿足事倉猝誰負我公匿草蘆從公幸有落雁都
裹屍馬革男兒志紛紛鼠竄何為乎即今雨泝蕭蕭去黃蘆苦竹凄風雨將軍戰死

血猶存凝碧苔千秋化為土

又

上海江承桂 馨山

一軍孤立慨無枝誓掃烟雲枕處其勁旅日排鵝鸛陣傷心風散馬牛時始終不易王臣志生死均酬國士知留得元戎忠義骨天乎應亦為公悲

不堪為處實堪憐持節羞將殘喘延死報國恩唯死戰生無王事不生全滿腔碧血幾盈地一點丹心可對天蘆葦藏屍千古義如公原不愧行權

又

陳豐 託巖

七十老將軍曾收百戰勳妖氛橫碧海忠悃薄青雲馬革何妨裹猿聲不忍聞平夷遺憾在匡復待夫君

又

上海葉樹滋 潤春

海水江風久任勞宮袍褪却挽征袍一身是膽雄誰邁千古知心誼共高負骨衝鋒忠亦義忘軀收鬼劍還刀最憐蘆荻蕭蕭處獨有啼鵑伴俊豪

又

寳山王　漑　銀橋

閩渤挺英奇公名著已久弱冠歷戎行衝鋒殲羣醜海氛不能督師來淞口士卒同枕戈帳蓬堅固守兩浙告警言聞廣民咸疾首夷艘含尾來殺氣牛斗誓不與生砲聲如虎吼鎮將亦雄奇臨陣身先走一木苦難支兵潰將公負如公忠勇全堪與睢陽儷　天子卹從優賜謚邀澤厚廟食祀春秋槐陰貽其後

又

上海沈　鋒　肖珊

星隕上將隆吳淞幸有劉隆左右從歌到哀章詞剴切負來屍革氣從容鸛鵝固擅長軍略魑魅終期挫鏑鋒此日論功膺懋賞誰知飛虎不能封

又

上海徐文炳　蔚華

死亦尋常事惟忠可表天忘身謀一戰固壘待三年火發江頭箭烽騰海口烟將軍殉命日士庶共潸然

生不負知己英雄淚滿襟係全忠骨返凌絕將星沉敵愾有同願平夷未遂心蕭蕭

又　　寶山朱淦子康

海外夷來擾海東海關力守惜陳公逢帷握算惟憑勇矢石捐軀獨効忠决勝無期焦
聖慮酬勳有典䘏臣工祇因烽火難全撲莫障狂瀾隻手中

一片丹衷百鍊鋼冲霄正氣立綱常剧憐身死心難死猶幸人亡義不亡空費三年籌
堵禦徒令萬姓感悲傷　聖朝忠藎原無負祠建千秋俎豆香

又　　上海沈淳耀心台

閩海挺英姿吳淞督鋭師青年殲巨寇皓首殉兇夷駿烈驚蠻貊鴻猷出鳥蛇
三年苦甘受一死鬼神知礮火横空日旌旗對壘時軍原張勝勢敗孰昧先機歌
按五更唱人懷千日悲白鳩哀莫極赤鯉悵何之氣盛元仍返身全革裹屍從征誠
有勇傾厦柰難支　帝令禋崇廟輿情祭酹卮暮雲連滬瀆楊尹兩謳思

又　　上海陸鴻儀志雲

吳淞擬築受降城壁壘精嚴比漢椎誓死忠誠懸日月偷生蟲鶴散縱橫雄心擊賊功長在隻手擎天勢不成獨與　至尊憂社稷如公可以答昇平

蛇矛秦隴共悲陳幕下先收魄傑人還葬早拚藏馬革全歸較勝東浦身輔成志士須奇士幸有生臣保死臣開說胸中如武庫他年金印取來新

又　上海賈履上雲階

蘆中人蘆中人舁藏七尺男兒身鷹揚奮武旋負累虎賁從軍未獲伸豈知天意巧驅使一朝賞識同安陳患難必偕死生共竟收骸骨歸忠臣我聞去夏五月八逆夷入犯吳淞濱陳公老將真矍鑠短衣窄袖馳飆輪連珠砲擊霹靂碎白日海水為飛塵裂帳壞艦不知數江流血染紅鱗逆船銜尾向東進指揮救忽疑有神督師退走守將遁獸奔鳥駭直堪嗔陳公眥裂髮上豎臨陣卻斬無逡巡不防回顧中賊計足傷腹洞哀酸呼死者已死走者走相看左右無隨親蘆中窮士獨不去慘聞臨沒呼天頻念君皇背負追且至吁嗟鬼伯何不仁手刃殺賊奪屍走蘆灘深處潛藏

真泥塗被體伏不動保公遺骨完如銀得士如斯公不恨紀忠況復留貞珉我閱斯編再
三歎千秋節義兩絕倫願君努力矢報國勳業繼起標麒麟死安生順此為重但莫輸
墨尋緣因江頭漁父撐船待胥潮日夜流春申

又 崇明龔 進

吳淞江口警烽煙三載提戈枕海邊一死尚非公所重精忠有足對人天
廟食江瀆理有然怒濤聲挾恨聲傳萬年青史昭忠藎絕勝榮華苟自全

又 上海曹基潢 子望

公是凌寒松柏姿秋風被折共淒其陣鵝斜整剛排日風馬往來欲散時未靖妖氛千古恨
獨標臣節萬人知至今滄海翻濤處猶似聲聲鼓角悲
援兵莫繼最堪憐勢迫難將殘息延百試戰堪（懸）經練三年城堵賴安全已寒白骨堅冰
雪不死臣心達 帝天韜略如君堪繼武早從海角逞威權

又 蘇州顧宗泰 長卿

一編紀述見哀呻海雨蘆風泣鬼神當日事皆歸椽筆千秋責自繫斯身漫緣文字誇儒將好識經綸足武臣存將尻還存　國體孰將此義細披陳

又　上海鄭嘉裕　縉夫

勢急誰援兵一枝戰危空自起淒其共驚鵝鸛會君皇從獨恨干戈棄竄鼠時白首盡忠都護惜黃泉飲恨秋蘆知夜潮颯颯衝荒垿多少哀聲觸處悲

伏波馬革劇堪憐殘喘寒塘一刻延義氣不圖裨將得孤忠尚有大臣全驚怒兩悲遺壘碧焰黃蘆走暮天誰使無瑕歸白骨彼蒼畢竟違威權

又　上海姚元弼　玉持

從戎素願効勲勞勇辟千人血濺袍隻手支撐雲日慘滿腔忠義海天高虎威不辱收遺骨肉食方知賴大刀藻鑒一時同許遠死生兩不愧英豪

轉戰蠻烟裏能全大將軀生還猶死節國士又文儒千古江流恨三年壁壘孤槐戈兼紀實涙灑海　蘆

又　　上海王　城　秋潭

鯨浪飛騰萬里賒，狂瀾獨障靜無譁。三年戮卒躬同苦，一旦驅身勇倍加。礮火轟時驚鬼蜮，陣雲深處走蟲沙。援兵不繼鳴孤掌，誰使星沉海口涯。

一木難支大廈傾，將軍殉節萬民驚。丹心料有天垂鑒，白日愁看鬼橫行。公已成仁甘就死，士惟見義竟忘生。怒濤夜激蘆花岸，陰雨靈旗戰鼓聲。

又　　陳培庭　且陶

功勳百戰早垂名，來守吳淞賊膽驚。三載海防勤且慎，一朝星隕死猶生。怒濤洶湧神如在，殘秋淒涼事不平。血透戰袍渾力盡，捐軀此日失長城。

橫江遂使熾妖氛，鷙鳥驚飛獸駭群。皓首不能生擊賊，丹心唯此死酬君。草塘地險埋殘骨，梓里魂招哭陣雲。他日吳淞民賽鼓，鼕鼕社鼓不堪聞。

又　　崇明張夢華　古愚

太息陳堯佐，三年獨運籌。長城一朝壞，大節千秋留。人如馬新息，死同張孝侯。無多下

士淚痛灑碧江流

又

崇明陳荅鏡徽雲

袁崧壘壓陣雲黃手壁東南作保障百戰倍同甘此樹萬人齊慟雎陽江流不轉殲夷恨天塹應嚴稽夏防至死靡他期報國運存唐祚杲卿亡

又

吳縣葉康義夢山

老將雄師駐一枝誓將群醜力殲其誰知前殁戈横處正是兵逃弁竄時嚙齒張巡同此恨歸元先軫不求知英淞滿目蒼涼景千古風濤盡入悲

一忠一義盡堪憐名教綱常藉此延漢室元戎亡馬援岳家小將有施全葦蘆血戰成香國松柏心貞種佛天生死義他唯兩得太牢何事攬威權

又

崇明施子良心齋

警告烽烟熾海中頻年召募御棠艨艟軍行反在民間擾人忿多連賊内訌虎節華臨三浙北蜺旌奮建六泉東威名猶使華夷震保障關河百二雄

卧薪嘗膽駐吳淞甘苦三年士卒同可惜吳璘斯縛虜偏逢魏絳主和戎肘常掣製袁生餘
憤掌僅旅鳴死竭忠萬里長城誰使壞民皆墮淚哭羊公
叱咤風雲氣吐虹信陵符恨制司空十圍周處悲無援百戰張巡忌有功小醜未曾殲海
上大星先已落江中屍還馬革憑誰裹仗有劉琨出莽叢
丈夫報國本癸衷致命疆場是善終殘喘若教延牖下光嶽那得播寰中 君王賜謚銜
哀悼婦孺知名起敬崇劍履雲臺身入畫千秋俎豆享無窮

又

崇明呂展鳳 紫庭

人生自古皆有死惟公雖死死亦生人情自古皆畏死惟公以死全忠貞同一死也死有別泰
山鴻毛分重輕公來督軍淞江郡三朝元老群推尊太公六韜孫子法瞭如指掌胸中存
保障東南膺巨任欲報 天子拔擢恩忽然羽書飛遞至小醜跳梁何縱恣公即防
邊駐海塘訓練士卒愛軍吏歃浦東西儆備嚴奔走候旁日三四甲衣不解歷三年
晝忘餐兮夜忘忘寐寶纛風生細柳營雄鎮東南仗一帥一朝蠢爾敢為仇公赫斯怒

髮上指龍泉在腰快莫當欲截吳淞半江水不利刃礟利火攻公既知己又知彼惟將帳事損東風天上將星其隕矣嗚呼公之陣亡也日月亦為之淯光風雲亦為之變色魚龍亦為之伏藏波瀾亦為之激怒草木亦為之凋傷寶山城外地有福忠臣身死依孫將當事疏奏九重天　聖主揮淚不忍覩優禮亡臣特破建祠兩省酬心丹嗚呼公之志節不可屈公之義勇不可折公之聲名不可刋公之精誠不可滅但將靈臺一點付丹青丹青又恐寫影點綴還願公世世子孫屢膺　天眷勿替前光永垂家聲於閥閱

又　　崇明施元洽　丹菴

傷心砥柱折中流丹旐淒涼返故鄉宗澤忽亡悲萬古樓蘭未斬恨千秋鯨波血幸忠臣濺馬革死憐義士收海上陣雲愁五月大星如斗落江頭

又　　崇明施元治　蓑軒

堪嗟武事弛承平虧得軍門善用兵高壘備嚴三載戍長城頓壞萬人驚伏誅虜殄猶餘罪戰死張巡尚似生馬革屍全劉越石千秋青史共垂名

又

掃盡鯨鯢事亦常何堪欒伯拗中行孤軍援絕身傷死天地當時亦慘傷

上海潘鏞搖 嘯山

又

怒濤日夜捲潮來蘆荻蕭蕭鼓角哀怪底雄師過十萬論功越石已為魁

婁縣姚光裕 杏園

又

復覩陳平軍一枝氏方祖武咏繩其陣鵝不料纔喧候風馬偏逢欲散時從此功隳緣掣肘更何情節異心知劉郎怪底能忠義竊負荻蘆悲又悲

又

星沉隔夜亦奚憐公不成仁公可延 聖德至教持此報臣心且一死策非全三年霜雪圖中鬢霜萬里樓蘭海外天安得更生韃我起妖氛掃盡奮威權

上海卬經 醉六

又

七十將軍兩鬢皤沖天浩氣壯山河波瀾萬丈身拚奚壁壘三年力阻和彭樂被創猶奮幟公孫臨死不投戈至今海口尋遺跡蘆荻叢中淚灑多

上海陳兆奎 莘農

正氣植綱常將軍死戰場不為文信國即作張睢陽碧血漬袍鞋丹誠格昊蒼義哉

劉進士蘆華負屍藏

又　　　　上海戴宏琦少韓

忠義吳淞仰二公可憐天不使成功鯫生為訪當時事顛末歌來當小戎

前年邊警及蘇松夷虜郎機莫捏鋒天子愛民勞簡帥長城萬里倚元龍

義公持節蒞吳邦年邁居然鼎可扛六日料師趨海口銜枚疾走靜村龐

堵防從此日焦思訓練車徒不閒時萬丈波濤三尺雪將軍夜半甲猶披

海塘一騎疾如飛報道元戎去不歸兵弁倉皇公整暇層波躍出儼神威

芻茭士馬足軍儲孫鳥猶知畏簡書最是感中恩并用投醪挾纊二年餘

兵不侵民民感孚齊聲當代岳侯呼固應捐糈超超至深夜窺公不忍圖

風號潮湧海天低雨樹傾盆咽鼓鼙何事制軍疑或懈武夫夜夜帳蓬栖

清廉猶足令人懷餽贈泉刀力拒偕鶴俸有餘還喜散賞軍士盡掛金牌

迎秋公相視師來也識廉頗是將才麾下伊誰權藉弄兵主客釁由開

一聲驀地震驚人火焰山高壓綺闉欒局既灰兵失恃將軍自此益勞神

料賊將來薄我軍令民遠徙避妖氛厲兵秣馬雞鳴候戰壘堅持報　聖君

果然經月怒濤翻彼虜樓船海口繫欲進逡巡猶數日軍中為有陳蕃

眾兵即欲擊貔貅公令無譁只靜看近岸始容開巨砲彼勞游奕我山安

蒲八清晨徑扣關蛟蜃冒死撼銅山運斧捶碎沉魚腹此際歡騰上將顏

倏忽誰知事轉旋徐州鎮師道居先勢無犄角兵無援群醜紛然遂復前

者番惱殺霍嫖姚如此遁軍首必梟四顧全追追未及火丸奈己着橫腰

巨創力忍復兵交雲慘天愁鼓碎敲勢寡勢無時支敵將堪嗟仝師幟作紅旛

喘延一息泣英豪皤髮陳湯血濺袍若使虜來公被獲千秋遺恨更滔滔

賴有劉郎知勇　疇曩幕府早搜羅看來事急將公負猶幸生還馬伏波

追思無奈又交加仗義元城信可嘉既保軍門還殺賊刀揮一路舞梨花

贏得群酋卻遠塘始扶公下吮金創巨傷一處餘傷七對此愁無續命湯
仰呼蒼天事不平江南柱石一朝傾悵前司隸哀號甚權把蒹葭瘞杲卿
忙將此耗達郵亭賢宰嘐城不忍聽十日迎屍循禮殮黃童白叟淚咸零
將星既隕賊威增內外交訌釁急乘飛渡長江京口破偷惺竟爾薄金陵
艱難時勢共深愁天吏和戎策最優撤去金戈修玉帛從前仇恨付東流
度越尋常聖主欽俯從廷議沛綸音非忠殉難陳堯佐民力東南困已深
郵典爰頒詔再三孤忠恩蔭到孫男千金賜葬春秋祭光武何嘗薄耿弇
吳民遺像更時瞻私祭家家拜美髯五月榴花紅照眼磨刀未雨淚先霑
謳思忠悃又成函義士居先句不凡兹集申江傳播出幽光常此耀林巖

又　調寄滿江紅　上海曹驊吉雲

灑盡英雄淚問古來功名汗馬幾多興替萬里封侯原吾分成敗豈關人事又況值妖氛熾起莽莽潮聲沈鼓角儘三年海甸金甌倚忽戰艦連檣至　男兒合在沙場死怎當他

連珠砲震援兵莫繼一死何堪償國恨挂刀無如竭矣只留得滿腔忠義蘆荻蕭蕭
藏殺魄痛帳前獨有司隸歌代哭動天地

又　調寄貂裘換酒　　上杭曾體仁　心甫

誓欲吞强虜歷吳淞三載辛勤笳吹朝暮爆火橫來飛霹靂但見陣雲戰苦憑轟擊
醜夷慓失江東真可恨歎孤忠畢命疆場處悲落日驚風雨　從戎仗劍投閒府傾肝
膽誼薄雲霄一見如故且試寶刀今日舞那肯獨後禦侮慨沈淪斜陽戰鼓一柱擎天
驚忽折忍須臾全屍蘆葦浦來江岸問漁父

又　調寄八聲甘州　　上海沈　鎔　穉封

捲鯨波白浪勢滔天問誰縱夷舟漸烽烟消歇難展謀猷是真馬革裹屍三載志空酬
贏得吳淞水殘咽東流　好是霽雲伊遠恨賀蘭漠漠功業難收看將星沈沒何處
覓荒邱望蘆灘蜃蛤為傳頻攜涕同志更誰求幸全屍知己可報差異生偷

跋　　寶山黃澍滋　乃畬

前進士太湖劉君辛丑仲夏投効軍營陳忠愍公見而奇之遂收置左右今年五月八日公
殉難吳淞衆皆遁君獨忍重傷亟負公於蘆中而藏其尸結蘆以識因自號再蘆僕
心企之久矣兹讀君之記與詩益不禁喟然曰公盡忠以報國君即盡忠以報公何天道
好還竟如是之捷歟抑惟忠者能識忠故得有此報歟然則忠豈必死哉公爲國計
以死爲忠君爲公計正以不死爲忠公亦非輕死顧當此時而不死之將全陣皆逃不益
辱 天朝而爲夷匪笑耶君亦非畏死顧當此時而死之將公尸何由而得即得亦安能
全且公殉難之真情誰復悉耶公之殉難論者每比之晉周處唐張巡夫周張之孤軍
血戰援絶捐軀與公同而其左右未聞有報之如再蘆其人者則公之福較愈矣不然彼
禄千鍾榮奕世者尚不思所以報國何君祇受公一載之恩而所以報之竟若是其摯也
吾知君他日貴當必有不負國如公者也噫言論及斯動干忌者恨僕曾爲公若殉節
始末記或已嫌其太直矣今復爲君直道之不更增若輩之恨乎雖然何恨之有設
若輩亦能如公之忠於國君之忠於公也則懿德之好同此秉彝僕豈獨私與公與君

哉又豈特僕之不私於公與君哉忽撰搆眛率誌數言謹質之劉君堅諸同志

表忠崇義集補編

上海 唐紹墀 印心
寶山 沈士楨 沈士端 仝校

張夢華

久任封疆重東南第一人無援悲未[illegible]廣有恨賁張巡若箇身非盡惟公節獨俾屍全
憑義士部署亦超倫

又

嘉定郁方董 小晉

昨夜花頭隕海東吳淞保障頓成空死能報國心懷赤生盡銜恩淚灑紅惡霧未消蛟
蜃氣忠魂應恨馬牛風 九重太息憂身後亮節千秋史筆崇

又

上海王金河 湘帆

古來明大義青史幾人存植節忘家瘁臨危念國恩精誠彌宇宙浩氣溢乾坤正擬殲
群醜何堪隕海門赴難徵軀易擎天隻手難三年風雨苦四境夢魂安血染萇宏碧心留

信國丹吳淞波浪悲柱折恨漫漫

又

上海王鴻君 雲村

堅持大節植綱常公殞吳淞實慘傷壁壘淒涼天地慟旌旂黯澹海雲荒忠士底功勳重名震華夷姓氏香誰累至尊憂社稷茫茫遺恨問穹蒼

又

平生忠勇邁尋常矢志安邊靖海疆每到沙塲先士卒正因年老傲風霜瞻儀尚覺神威武讀策猶聞氣激揚太息六軍齊一哭淚流爭與水流長

又

上海凌 榮 芳洲

七十年經百戰身一朝星隕大江濱三吳慕地摧屏障四海同聲哭藎臣狂寇未除心未泯捷書難報志難伸可憐碧血凝青史尚有平夷兩策陳

又

上海嚴文彬 秋卿

矍鑠老元戎群推勇且智嗟哉勢不支公死誰其嗣兵逃弁竄時忠骨甘拋棄何事蓋中人酬知獨取義

濤聲澎湃影蒼茫功敗垂成恨事長賊艦擊沉方忭舞將星搖落徒悽愴三年備歷風霜苦

千載空留姓氏芳事急拚將身報國羨公大節植綱常

目擊瘡痍老將亡奮身剩有一劉郎裹屍出險心何壯和淚從忠句自香轆轆砲聲餘震怒

蕭蕭蘆岸閟行藏公私似此全忠義贏得英名著海疆

又

上海邱　玉調卿

海水立海風急海舶飛海逕入海疆臣來陳三年堵防艱辛聞賊至彼求死民無畏我在此

身先兵掃長鯨巨炮發大艦傾賊氣喪賊心悵入中原初懲創遂急退狼狽態斯時也

壯敵愾怪同僚忌嫖姚軍引去賊暗招艅艎進勢復振大將軍悲失陣胸砲傷腰著

槍受創重身隕亡賊逼近欲肆忿幸劉琦威振奮却進師保帥屍蘆葦中深藏之

此一事人共識彼二公擅忠義或涕泣或詠歌民心係無足過

又

上海沈　霖　藝三

維忠與義千古之綱維陳與劉萬民之望褒之崇之赤子之良非之笑之狂夫之狂

又

不合伯宗謀將軍誓斷頭吳淞遺廟在袁令共千秋　上海汪煥章 恕堂

蘆荻戰蕭蕭前胥後種潮忠魂何日附集我伴林鴞

又　上海朱淳薰 一甫

聞說公元黑虎何堪叔換紅羊吳淞至今煙雨迷離猶見戎裝

白頭幾人肯送青史此事必傳獨讓元城附驥一軍信曰能賢

又　上海張正頤 養山

分謗生民拯國恩應古伯入人深海疆婦孺無知甚却為孤忠淚滿襟

大義三年亦共知臨時獨來護公屍屈名浪被劉郎得冀　不傳有異辭

又　寶山顧調元 枚卿

吳興山水奇磊落出烈士才兼文武長忠義平生矢仗劍謁軍門英姿餘颯爽帳下作親

軍青眼邀特賞一朝海氛侵軍門戰疾力援兵苦不前賊勢紛交逼創重力難支倉

皇愁裂衣尸惟君負之走隻手獨維持揮刀衝重圍血濺征袍濕終全軍門屍不避戈鋌集軍門所重士夙傳君及許死殉與酬同是赤心侶世風日以澆明哲相招搖中流砥柱立浩氣衝九霄激揚吾徒事幸荷珠玉表此烈士風永言厲薄俗

陳公祠旅桐歌 并序

鷺江王步蟾 桂庭

廈門城北隅有陳忠愍公祠庭有旅桐相傳為陳剛勇公手植道光庚子英夷擾海疆忠愍移鎮江南越二年殉節吳淞時剛勇為水師參將建祠公後以總兵守蕪湖殉粵匪之難予於光緒八年辛巳借祠設帳迄今八載日瞻忠愍遺像常慨然想慕其生平間或睇庭柯又因瀾剛勇之遺烈焉祠旁北帝廟故明池太常玉獅齋古桐一株聞亦剛勇所植但非祠中物故仍以旅桐名篇云

陳公祠宇何崔嵬中有旅桐剛勇栽四十餘年忠蹟在不隨戰血沒蒿萊此祠巍然垂不朽此桐亦附流芳久召伯甘棠誰忍傷孔明老柏差堪耦曩時忠愍移吳淞麾下偏裨感澤釀禾里生還期莫定桐鄉奉祀禮宜恭參我倡議專祠建部曲心

同齊所願手植龍門百尺材神傷馬革千秋恨驚聞陳佛已昇天（軍中呼忠愍為陳佛）報國捐軀積葦邊大廈傾難支一木礮臺險枉扼三年後來剛勇死綏又不死紅夷死豬寇江南大樹皆早彫城北貞柯尚依舊乾坤正氣鍾此桐根蟠大地撑蒼穹曾經兵燹難磨滅歷練冰霜轉鬱葱嶧陽自古推嘉植不及鷲門較奇特孤根猶可溯英風喬木非徒重故國陽壇遺址玉獅齋梧陰相傳與此偕流涕郤殊宣武婆娑豈賴伸文槐森森古榦交輝映手澤貽留桑梓敬底須爨火惜桐焦奚翅疾風知草勁我今託研倚此祠登堂颯爽瞻英姿棲鳳條高想像書麟閣　遠難攀追君不見古來忠義光史筆迥異草亡與木卒縱使桐孤祠亦荒兩公大節照天日

陳公祠孤桐歌和王桂庭作　并序　呂澂　淵甫

祠祀忠愍陳公桐為剛勇陳公所植二公先後死節事具傳誌王桂庭紀以長歌余繼作焉

惟桐之生本孤直冰銷雪鑠青銅色亭亭矯拔拂蒼冥飄零零大樹留遺植憶昔

道咸萌蘖生夷氛寇警紛從橫前陳公殞黃浦戰後陳公殉無湖兵斯桐後陳公所種
為前陳公寫其勇城隅孤踞戰雨風髣髴英姿來颯爽又為後陳公寫照當
春華特光有耀秋風摇落草衰枝葉離披根不摽吾友王郎僑祠中祠旁齋與
玉獅通玉獅齋頭桐一本云亦陳公手植叢池家風流已衰歇惟見佳植長蒼龍
吁嗟文章與氣節傳之不朽皆忠烈惟桐榮瘁會有時安得青史無磨滅

夜泊吳淞口弔吾鄉陳忠愍公　王步蟾

冰輪高碾火輪停此地當年殞將星為失長城資保障翻教中夏染羶腥礮臺半壁
留殘赤史簡千秋照汗青深夜潮聲來怒咽行人猶作鼓鼙聽

六月朔將移研舊家先與陳祠孤桐話別　王步蟾

此樹摩挲亦有年歲星倏忽一周天辛巳迄癸巳凡十三年風枝雨葉常看徧鳳吹鸞吟自快然
忠蹟豈同凡草木名流曾和舊詩笞倆戊子年作撫桐歌友人多和之寄聲日後僑居客嘉植須知重昔賢

陳忠愍公祠桐樹既枯文孫江渠斲為琵琶　李禧

莫道將軍大樹催琵琶彈出響如雷誰從大海抱明月尚有蓉溪惜爨材實蓉溪都戎於漳州得

古桐為琵琶楊雪滄先生題曰北窗將軍

陳化成抗英事略

初八日丙辰夷匪攻陷吳淞口陳軍門化成死之

寅刻至巳正初刻門砲聲不絕午正後寂然城內外男女老幼步行逃避者或東或西啼號滿路街巷為擁塞直至初十日早始止初八日以後西南門從此不閉蓋晝夜皆難民矣（肩挑者亦往來不斷）是日寅初夷船攻擊吳淞陳軍門即開砲抵禦轟壞大夷船弍隻擊死夷匪及下水死者無數至午刻陳軍門連受三鉛彈後路無援遂力不能禦殉節於砲台哀哉壯哉麾下將弁某員軍門屍藏海塘蘆葦中縛一繩以識其處越七日始以小轎遷入嘉定城關帝廟練明府廷璜為嘉定令具衣棺以殮兵民無不哀

陳軍門陣亡砲台失守兵皆逃散午制軍退嘉定夷船即此入口申刻陷寶山縣署縣周恭壽號竹君隨制軍以逭夷匪放火燒天妃宮入寶山縣城

上海於申刻得信巫觀察先令舉庫銀弍萬餘下船將道署書吏差役及家人等皆已四散承應無人觀察於二鼓以朝衣冠朝靴及誥勅等置二堂帶印出西門開船赴松江（府吏從者只七名劉令先一日與守備王嘉謨中軍繼口誓以死殉初八日清晨復有專人議和

持二十萬洋以保一口口之說然皆密謀非外人所得與聞也募敢口口船關說者口潘清泉金聽泉皆應召中變(不願往)忽有右營標下兵二名挺身敢往劉等喜甚先以百洋爲費持縣印文書白旗擢一小舟即行至吳淞夷人已進口陳軍門陣亡三軍皆逃散夷勢甚張二兵懼藏白旗不敢出以招呼夷船見之疑偵卒爲奸細者遞放洋槍二兵遂回櫓進亦不服復劉命繳文書云粮台總局在敬業書院候補直隸州楊承湛號閬仙同知銜沈恒號曉滄於傍晚遷銀弍萬餘下船(出西門走蒲滙塘)五更合局下船赴松江上海令劉光斗於四鼓出西門下船(西城竟夕不閉)劉令先二日於道庫領銀七萬兩未用又半制軍既赴寶山察院公館中尚存行李什物及銀七千餘兩交行營中軍繼參將及李姓長隨戈什哈十名看守初八日繼參將既逃李姓盡將銀物交上海劉令存之內宅此兩項皆於初十日爲士民所搶

喬重禧夷難日記

壬寅夏五月八日英夷犯吳淞制軍牛(鑑)遁提帥陳(化成)力拒戰兵潰死之陳軍門防堵淞口

風雨弗離卡者兩閱歲與士卒同甘苦諸營皆樂為死守初八黎明夷艘大至陳親上砲台接戰舉巨砲焚其三舟時牛制軍率兵為後援遣卒邀陳避西北之牛即自以其所屬退徐州豫省兵顧而譁曰後軍走矣眾懼遂潰陳力不支乃北向再拜解印綬付從營韓將劉國標夷眾旋自後登岸矢箭雨集陳奮旗直前一砲中腿猶呼躍再砲洞胸而仆國標挾其尸揮刀躁馳下斬三人夷兵稍退遂跳而免麾下百餘人見陳死咸涕泣格鬥無一生者

不老老翁鎖城日誌

五月初八日自昨初七夜三更於枕上聞大砲聲不絕且甚遠至初八日午而寂不下數千共知海口打仗但不知其止之何速且靜也道路之懸擬者不一其說至是即無力之家亦紛伴搬運矣肩輿夫扛絡繹邪許之聲至不辨市人言午後聞吳淞口失守信人皆竄城外奸民載道白日搶掠西北二鄉更甚拋男棄女呼爺覓母之聲慘不忍聽少焉忽傳右營游府封已將探事誤報兵二人送縣收禁治罪矣蓋封公恐亂民仁詭詞定眾耳實未嘗收禁其兵也未刻邑尊劉令防堵局紳董設添守門鄉勇每門六十名頃刻而集申刻

有吳淞兵逃入城或穿中軍壯勇或徐州鄉勇或河標或漕標諸號衣手挾利刃肩背行囊
或十或五橫行街市搶奪與土匪等中軍招撫之皆反唇詈如出一口六日百姓咸知吳淞口
失守門出大半閉戶棄產去大戶之僱人防衛者亦儘有挾資而去者吳申酉間又得吉語
云陳大人先因跳水入海潛穿洋船底沉二舟夷人畏懼而退今差員來提犒軍糕點若
干但予不信至縣堂果見差役旁午糕如山積予喜極因逢人即告以所見并戒見勿惑
唇為之焦是夜街巷之戒嚴益力新添鄉勇露立城下氣象頗肅然城門不能閉以搬
家人之鎮塞也至三鼓始閉城上兵卒每卡僅一二人或并無人燈火明滅更梢斷續無律大小
南門二處守門卒寥寂見潛山營兵數人本標之在者甚無幾守巷至二更後忽傳道臺並
公密地將庫銀盤查限明日清晨在小東門下船起解又頃之喧傳縣官乘小轎出西
門云係查夜實不帶兵役也予疑之出視壯丁曉以大義入慰妻子示之天命終夜營營
目不交睫也

曹晟十三日傳書記

初八日天甫明賊駛駕火輪船及大兵船直抵吳淞以大砲攻擊軍門親駐西砲臺督率後營游擊張蕙中營守備韋印福安徽已革進士劉國標及各營將弁等拒敵時制軍駐寶山城中守小沙背者為徐州鎮總兵王志元暨署川沙營參將崔吉瑞守東砲台為署蘇松鎮總兵周世榮暨前營游擊王鳳翔分佈兵勇以為犄角之勢軍門見賊船漸近度我砲可及即督弁兵開砲初雖連次擊中而大船巍如山立閱時如故迨數十砲後擊沈火輪三大兵船一艘賊無算賊連開大砲將砲台擊壞軍門仍督弁兵奮勇對擊時火彈如飛絡繹不絕軍門左右轉側砲子均不着身且平時教演士卒熟習避砲之法故我兵傷亡者蓋寡賊賊技無所施易藍旗各有退志賊開砲則以紅旗無事則懸白旗藍旗者其收兵之號令也制軍聞之移駐城外教場將親督戰賊望大纛併力攻以大砲擊纛桅上擊之繼以火箭大營被燒制軍見勢不支急遣弁檄退兵軍門不允檄三至弁伏地叩求終不為動隨軍門者本標五營兵八百名太湖營兵三百名皆願一死戰時徐州兵先潰制軍亟率教場所伏之兵退至嘉定游擊王鳳翔亦相率退賊由依周塘登岸乘勢奪據寶山吳淞之

兵猶竭力拒敵顧火葯已空其最大之砲又為賊砲擊去兩耳軍門受洋槍傷三處回顧無援應喟然曰此天亡我也遂向謝恩殉難弁兵皆哭劉國標素驍勇軍門遇之有恩事急奮刀斫白鬼三人黑鬼數十人有鄉勇頭目南滙已革武生何勝來者制軍以預備淅省進剿命帶水勇出洋接應降於賊至是持紅旗指揮各鬼亦為劉所殺劉負軍門尸退賊追數里連放洋槍傷右足急匿蘆葦中免游擊張蕙亦受火箭傷未刻吳淞失守制軍退守太倉同日陣亡者守備韋印福千總錢金玉署把總許林外委徐大華許攀桂吳淞把總龔齡增及兵丁四十餘名

東陶愚壬寅聞見紀略

初八日卯刻兵船直撲砲台陳化成督壘開砲轟擊三時許敵受創甚深乃從牆頭頂架砲飛擊東砲台督師棄之徐州參將王志元赴援徐營先遁江南勁旅首推徐鎮旨道光十九年調防到滬二十一年赴援定海四鎮陣亡徐之精卒殆盡志元所統殘兵久無翊志吳淞陷即挾所部遁松江志元旋卒有敕其坐視上海之破不出一兵者奉旨盡

革去生前官職并查其子孫有功名者一概不准應考出仕江南人快之）河南參將陝平川從制軍退入城各營皆遁西砲台兀然不動鉛丸雨集化成受重傷卒安徽武進士劉國標負屍匿蘆葦中從死者松江營守備韋印福千總錢金玉把總許林外委許攀桂徐大華內黃營外委姚雁序吳淞營把總龔增齡等是日寶山陷上邑已遷徙一空巡道巫宜禊知縣劉光斗皆潛出惟游擊封耀祖教諭姚員瀾典史楊慶恩在城中

俞　樾同治上海縣志十一兵防

五月初八日陳公卒于吳淞海塘之行陣賊攻上海時牛總督逃走寶山後由寶山奔回蘇州心方略定至上海營官兵鄉勇均各逃散無從統領英賊犯吳淞口陳公戰守七晝夜卒以兵少力竭中砲死時年六十有七道光廿二年五月丙辰日事公防衛三年整飭營壘精密布置撫馭弁兵嚴而有恩賊破上海時江南提督陳化成砲傷淹死陳素公正勤於訓練卒得士卒懽心至是斃死於王事數日後打撈得屍面尚如生見者無淚下邑人具衣冠葬之

化成字蓮峰福建同安人公以二十年夏由福建提督調任江南駐松江之郡城

劉長華鴉片戰爭史料

及初八日黎明開砲陳化成擊沉其二艘又折其二艘之桅夷兵溺死者二百餘牛鑑聞之喜出南門登塘觀戰適為一飛砲驚退於是徐州兵之在後待更番者望風先走而總兵王志元率守小沙背之徐州兵皆走矣賊遂由小沙背登岸提督陳化成前後受敵遂中砲死而塘上之兵亦潰矣牛鑑走嘉定其東砲台之兵江灣之兵皆同時潰賊遂陷寶山喪大砲軍仗無算上海大震參將繼倫率兵先棄城走兵備道巫宜禊知縣劉光斗先後走松江惟典史楊慶恩投水死所募福建水勇變為土匪縱火焚掠

不著撰人夷艘入寇記下

兩江總督牛鑑奏窃照五月初七日馳奏逆夷相持情形臣於拜摺後復周歷海塘會晤提臣陳化成據該提面稱經歷海洋幾五十年海上防禦全憑砲力此身在砲彈中入死出生難以數計刻下佈置精密可打勝仗并囑臣放心等語詎料初八日卯刻臣正傳署游擊張萬轉傳軍令間驟聞砲響知係開仗即至南門城外親往督戰麾將士見臣親

至益加奮勵惟時砲子亂飛從空冒險而往乃甫至教場地面砲彈在臣前後左右落者無數遂見該船巍如山立係將巨砲安於桅上覷定臣所隨之隊重疊施放隨兵被轟斃者十餘人俄報提臣陳化成在塘對擊曾轟壞夷船二隻約傷斃夷匪數十人夷匪仍疊放大砲火箭不止教場房屋以及將台連被打破臣憤懣填胸恨不以一身敵愾而將貴見勢危急扶臣折回見砲彈所著處屋瓦亂飛草木披靡臣自度萬無生理行五六里之遙漸至城門竟未遭其毒焰臣因至縣城城內居民本少業已搬空而寶山令周恭壽帶鄉勇二千名已在乍浦防堵俄報提臣業已陣亡砵扯揮泪覽之游擊張蕙身受重傷周恭壽墜馬跌傷又報上塘業已轟裂衆所推土半多被打塌逆夷由衣周塘登岸臣看此光景已不可支即從西門退去不過四五之遠即見東門一帶火起又見西砲台存貯火藥之處并被焚燒又探報逆船二隻又已驀進海口尚恐後船連檣而上海無險可守知已不可復問臣於黃昏時始抵嘉定連夜持令收集各營潰兵即馳至太倉州城防堵劉浦要口并一路查探敵艘截其入省之要道保守根本重地

道光朝籌辦夷務始末　卷五〇第二十六至二十八葉

壬戌牛鑑奏初八日卯刻驟聞塘岸砲響知係開仗該督親督戰遥見洋人將巨砲安於大桅之上重疊施放陳化成在塘對擊轟壞洋船三隻傷斃洋人數十名該洋人叠放大砲火箭不止將教場房屋將台打破旋報提督陣亡縣城旋亦失守徑退至嘉定收集潰兵馳抵太倉防堵劉河以遏入省要道

道光朝東華續錄卷四十五

韋君印福者上元人也豐下痘花著面吴淞之役忠愍有死志戰方酣君顧先没於砲時道光二十二年夏五月也年五十有六同殉者錢君金玉以下五人金玉字燮堂江蘇華亭人少入行伍洊補外委千總二十二年之役君為前衛監砲而夷匪自船桅上遥施飛砲或勸君避之君曰我年十六便食國餉豈敢避害不念車載危義耶卒以中砲死年五十有七齡垣崇明人官把總訪其事蹟不得二許皆華亭人林字揚德少淳沉市井其鄰人姜明經國駒偉其狀資之衣履投提標下授修武校尉升左營外委千總忠愍察其忠勇尤任焉

被創最酷年三十有二攀桂字瀛川隨防吳淞三載與徐君大華共事不辭勞瘁君補外委千總徐補額外外委皆沒於飛砲年甫壯不獲展其長可惜也大華與二許同里閈守海塘西砲台司大將軍紅夷砲二十有四及夷船駛進海口忠愍令君開砲損其大艦一火輪船三艘夷兵甚衆有須賊由東砲台登岸擁而西君與許君力戰手刃十餘人遂以折足殞於砲台年三十有三事聞得旨均賜恤如例

楊東杞吳淞陣亡六忠事轉引自夏燮中西紀事卷二十四海疆殉難記

吳淞殉難

道光壬寅夏五月八日海疆告警總督以其師潰吳淞陳忠愍公化成死之武進士劉君國標負公尸藏諸蘆葦中負之出膚體不敗顏色如生嘉定令練君廷璜殮公嘉定城中得繪公像流傳甚廣國標後易字再蘆公既殉難傳者異詞或詰死狀於再蘆則曰噫不忍言矣按公字蓮峰同安人是役也公守西砲台方指揮縱擊而守東砲台者已先遁去左翼既虛敵得乘間而入公遂及於難或云敵由東砲拖放火箭帷幕中盾俱焚

日加午公右脅被創左東棋督戰曰爾毋畏爾施槍砲遂卒吳淞之役從忠愍公死者守備韋印福以下八十一人或謂時和議已洪浙撫劉韻珂謂須與江蘇同辦故敵遂入犯此亦臆測之詞也吳淞陣亡最著者為殉難六忠錢君金玉字寶堂江蘇華亭人少入行伍洊補外委千總嘉慶中劇賊林清糾黨騷擾三省烏東明叙君徐州防禦功遷把總又以緝私敗擢前營千總謹慎歷署巡官是役君為衛監砲而敵自船桅遥施炸彈或勸君避君叱之曰我年十六便食國餉我焉避害沒年五十有七君偉幹巨足里人稱錢大脚以對范長頭云龔君鎔垣崇明人官把總行事未聞於時許君林字揚德華亭人少浮沉市井中其鄰姜明經國騶偉其狀贈衣屨勸投提督標下獲私梟罪人授修武校尉升左營外委千總陳君蔡其忠勇尤任焉敢戰是天性故被創較酷沒年三十有二許君攀桂字瀛川亦隸華亭籍世多武功君少投營身豐而頎以善運槍拔萃於營中敘巡海勞績擢修武校尉防吳淞三載不辭勞瘁得補前營外委千總殞於飛砲年甫壯不獲展所長爲足傷也徐君大華與二許同里方面白皙隸提督標下以發

槍必中，衔冠服忠愍令守海塘西砲台，司紅夷砲二十有四。及敵艦駛進海口，公令君施砲，多所中傷。而敵艦由東砲台登岸，擁而西，君力戰，手刃七餘人，以折足殞台北，年三十有三。事聞，贈恤如制，皆配享於忠愍祠。

王　韜瀛壖雜志卷三第三五葉

按陳忠愍公諱化成，籍隸閩垣，由道光二十年調任江南，親帥部兵防堵吳淞，與士卒同甘苦，攘臂一呼，應如雲集，以其得將士心深也。先是吳淞口南北兩岸，南係公將，北為牛制軍檄令太湖水師鎮守。公以其師多懦弱，力阻之，不從。五月八日，諜人來告云西人船艘將直逼，公乃登砲台持望遠鏡窺探，知敵船將至，飭弁將巨砲裝彈藥以待之。無何，黑霧漫天，奔騰漸近，開砲轟擊不絕。恐彈藥不繼，赴演武廳牛制軍處接領，詎意制軍不發，且傳諭速退。公恐亂軍心，仍令盡力攻敵，敵亦有退意。或教其將長鉄裝大銅砲向演武廳施擊牛制軍，正當目探視，忽當空如火龍翔至，驚慌無措，即乘肩輿而逸。公見制軍已遁，回顧北岸太湖兵亦散去，西船旁北岸駛入，公知勢不可回，遂具衣向北叩拜曰：臣力竭矣。遂服毒自盡裨將劉國標負其屍匿塘下蘆葦中是役也使北岸有敢勇之兵主帥無畏避之舉彈約不匱應接無虧西船未必能逞志乃矯矯虎臣竟至束手無策是誰之咎歟

淮陰百一居士壺天錄卷上第十六葉

蓮峰陳忠愍公以身殉難大節昭然人皆仰之當其守吳淞也檄鎮將某分駐西砲台以示固守其部卒有監民鷄者民訴諸公公飭鎮將率所部卒至將以徇哀求乞免乃減等以軍棍捶箭游營以示戒會謠言敵至吳淞羽書告警公與制軍某公約海口軍事以付余君但無出寶山縣城一步併力相擊庶不濟矣未幾敵入口公盡力轟擊戕將提兵制軍乃棄寶山而遁西砲台守將譬前隙反砲擊公中項而卒吁可惜也此記與前說稍異蓋當其死事之日戎馬倉皇傳聞異詞故記之者疑以傳疑耳

同上第十七葉

丙辰夷人舉大砲於桅杪連發之鉛蛋如蝗洋槍火箭壞塘公乃歎曰我乏援而彼麕至事難為矣解印綬九頓首付一千總齎至松郡官中上之仍坐西砲下令砲箭盡施夷人不

敢前忽由東砲台陸路進火箭四射所經帷幕申盾俱焚自辰至午公右脅受傷血涔涔下沾袍澤左東旗督戰叱咤尚厲未幾聲漸微曰爾毋畏爾施槍砲旋卒

怡雲軒主人輯平夷錄軍門陳公殉節記

道光壬寅五月初八日英夷陷寶山江南提督賜謚忠愍同安陳公死之初八日賊艦銜尾南進兩兩相輔空一船於西以防西台若預知東台之不足慮者揚帆出小沙背前徐鎮按兵不動公出帳揮旗發砲賊飛砲對擊所注摧陷半公門砲聲雷動飛輿至校場鳴鼓助陣賊架砲桅頂擊燬演武廳并兵擁牛公奔至胡巷鎮遣守備姚雁宇以令箭檄徐鎮急援人馬中砲死公燃砲燬賊頭陣一船西船賊稍却東台參將崔等徒壁上觀砲不發東船賊併力擊西台我軍砲子多礡心匚至賊船而灰砲門且裂全塘震動部將韋印福錢金玉許攀桂徐大華等皆死尸積公前公麾旗痛哭有飛砲拂旗角而墜陷地一尺許公見事急亦以令箭召徐鎮并駐海神廟之王游擊等皆已潛逃周鎮上塘勸公退公叱之曰畏謂爾誠薦拔至是今爾負我以致負國時药無布袋砲無米囊燃必躍于公空砲耳折架綀不可再

用公掬藥納子砲震傷手血流至脛旋有巨砲沖陷上半擊公仆地細子中股紛如雨點賊見公手執紅旗不偃藥子已竭砲熱炙手迴帆欲退而桅上賊見塘下弁兵潰散遂麾大隊登塘吳淞把總龔增齡迎戰刃數夷群夷圍而擒之入船脅降不屈釘手足於板擲諸海公部堂官許林率帳下巷戰洋槍四出林死而公拔刀接仗槍亦洞腹時在塘僅有三人公呼校效武進士劉國標曰我不能復生汝急免我首擲休溝中一慟而絕劉亦創甚負尸掩叢蘆中脫公涼鞋一隻懷之以蘆葉村繩為識出葦而逃初八公中槍時賊頭目陣船沖入土門有衣周塘砲兵王某出賊不意迎船燃砲轟擊艦面如掃塘上賊驚竄公尸得匿是役也碎賊八船殺賊五百餘口惟衣周塘砲斃黑白夷匪百餘口皆其健卒

袁　翼

江南提督陳忠愍公殉節略

番舶盛來橫海將十餘里于是公與參將周世榮守西砲台徐州溧陽安徽河南兵分守教場及松江城東北川沙營參將崔吉瑞守東砲台公夜語周世榮曰吾兩人福皆不薄周憯然公笑曰詰朝功成吾與汝受賞不然亦俱不朽矣豈非幸哉明日夷船排江進公

督戰自明至日將中擊夷船五又二火輪賊不得進望見城南大府駐軍旗幟擧砲對擊之徐州總兵王志元先走教場兵西奔城東北及東砲台亦全軍潰賊乃併力攻公急周世榮欲奔公按劍將斬之周逸賊登岸槍銃兩集中公顛復起猶手自發巨砲傷重歕血死同殉者把總韋印福守備龔增齡以下合八十餘人

王　拯龍壁山房文集卷五陳將軍畫像記

十六日早上潮水和天氣相宜雖然風是逆的這是一件不大要緊的事由於頭一天西索斯梯斯號從舟山回來了使威廉巴爾克爵士能夠撥給每一隻船一隻輪船艦隊起錨（註布郎底號領隊進攻軍艦和戰艦由前面指出的兩位熱心的司令充任領港將要和重大的砲台交戰而小型的船隻將要在它們的砲火掩護下去攻打側面的工事下午六時半左右大船由船尾下錨距主要的工事五百碼當它們前進時中國人已經在向它們堅定而準確地開火頃刻間只見北極星號（North Star）正正努進江面譚那隆林號過去拖它趕快將它擱在布郎底號之前海軍少將賛歎地談到艦隊的

擊砲術這點完全由事實証明了上午八時前後將敵砲位趕開把大船旁邊的砲台夷為廢墟了這種情形在江口進行的時候輕型隊在摩底士號的率領下一直在藴巧地作它們的工作輕型艦隊衝進吳淞小河兩隻拖船攻打半圓形砲台對側的防禦工事他們剛一開火工事就被放棄而其它的大砲立刻被擊敗了然後兩位司令身先士卒登陸略微遇到一些抵抗然後佔据工事江口的海員和水兵已經在他們的小船中了而一看見這種行動立刻分別由他們的船長率領登陸不久便肅清了西防禦工事的全綫而西索梯斯號的歐姆斯貝司令佔領了東邊的砲台復仇神號和弗萊吉森號將所拖的船隻拋開追踪并毀壞了十三隻戰帆又提到了以轆轤推動明輪的三隻船這是中國人的模仿能力的明顯的例子雖然製造上不及鬼船這種想法顯然是從輪船上學來的在進行這些戰役時西索斯梯斯號和它的同夥船擱淺了等到一切軍隊都能夠上岸時已經是一點了這時聯合部隊進入寶山沒有遇到抵抗中國人的損失相當之大他們的軍隊由四仟至五千人組成由水師提督陳指揮陳死在砲中在砲台中發現四五

十具屍体此外還有無疑已被運走了的我們這邊兩名陣亡其中之一是王家海軍的霍維特海軍少校屬於布郎底號我們還有二十五名受傷吳淞是一个可憐的鄉村寶山雖然是一个有城牆的市鎮卻不過是一个窮鄉而已的確附近的鄉間決不如中國其他部分之人口稠密而肥沃

賓漢著壽紀瑜譯英軍在華作戰記轉引自鴉片戰爭資料第五册

第二九七至二九八頁

作者原註布郎底號由譚那薩林號拖曳皋華麗號由西梯斯梯斯拖曳摩底士底號由復仇神號拖曳哥倫拜恩號由弗萊吉森號拖曳克里歐號(Clio)由伯爵多號(Pluto)拖曳阿吉林號當帆儘量向前靠近麥都薩號留充后備以備發生意外之用

六月十六日更進攻上海上海大將陳化成者極力拒之不利戰死英軍海陸相合纍纍登陸取砲台奪銑砲二百五十挺悉將衙署毀壞於是上海為英軍所据陳化成江南提

督也次日五月初八英艦來襲陳化成先士卒馳登西砲台裝其所鑄大砲向英艦擊之英艦亦向轟發丸碎陸地土裂袤烟稠部下咸有畏色化成勸衆曰敵船狹間有白烟起者虛發也勿必驚如實發必起黑烟宜各以身伏地令彈丸從頭上去士卒從之因得傷甚少時東砲台亦續發炎砲衝敵上陸敵自牆上以銃下擊部下多死化成見之欲遣兵一隊拒之時敵千餘人已登陸直由西砲台進一卒欲救化成自戰馬至化成旁勸騎以逃化成掉頭曰予欲以死報國恩何面目見北於夷人乎言未畢有大砲彈雷鳴而墜於化成旁火氣激發化成遍体糜爛猶立砲台上巍然不動令殘卒曰今宜多殺敵兵以自死時敵登陸者約數百人排列銃槍進迫化成彈丸如雨劍氣如霜化成左右受敵力遂窮乃向北方再拜頓首死士卒數十人亦皆死

日本人撰湯叡譯英人强賣鴉片記轉引自鴉片戰爭資料第六冊第二二五至二二六頁

五月初八日寅刻逆夷直逼吳淞公上西砲台指揮擊賊連轟大砲壞夷船大小十餘隻

逆夷死者甚衆已將退方其時松江太湖兵在前徐州兵在後安徽兵伏於土城内以備東路而東砲台守將不能禦禁其登岸督戰者亦失援應惟遣騎邀公者再公面叱之至是已閱時五前茅當稍息公飭後勁代進而徐州兵因陣腳移動即乘機而遁安徽兵尾之公駭因顧為夷砲傷足猶指揮塘上施大砲屹然不動而東砲台登岸之逆夷已大隊擁至又傷洋槍七不能支乃北面再拜而絕松江員弁韋印福錢金玉許林許攀桂徐大華死之兵丁死者數十人武進士劉國標負公屍藏諸蘆葦中

雷葆廉陳軍門小傳

一掉倉黃返故鄉紛紛聞訊滿鄰墻難寬阿母鐙前意親解兒衣撫箭瘡五月初八日英夷由乍浦北犯吳淞口江蘇提督陳化成死之兩江總督牛鑑率衆遁歸崑山蘇松兵備道巫宜禊寶山縣知縣周恭壽上海知縣劉光斗等各棄其城走越三日英夷始從黃浦登陸我兵潰退已叅來往接戰惟上海縣典史楊恩死之時牛鑑請救於將軍將軍發河南兵一千令總兵尤渤帶赴吳淞口遇英夷於白鶴河亦不戰而遁入松江城用是蘇省大震紛紛遷

避土寇乘機槍奪蘇撫程矞采出示嚴禁不能止僕在紹興聞之不能無內顧憂星夜馳歸家人已束裝欲他徙僕以夷船重大萬萬不能深入內河阻止之然而親友中城遷於鄉鄉遷於城者十有四五也彼蓋有見於督撫以下等官皆令其眷屬避去宜以余言為不足信耳僕左衣袖曾在駱駝橋受一火箭故詩中及之擊碎重溟萬斛艫砲雲卷血灑平蕪誰將戰績徵新詠一幅吳淞殉節圖初牛鑑陳化成守吳淞口分駐東西砲台以為犄角之勢及英夷來犯化成在東砲台用大砲擊碎其船二幾獲大勝而鑑乞偕總兵王志元等帶兵先走西砲台虛無一人故英夷遂闖入吳巷橋內化成腹背受敵乃血戰而死武進士劉國標槍其屍潛瘞海灘嘉定知縣練廷璜募人求得負歸殯之士民傷化成之慘死也繪像索當事題詠將軍屬僕代作僕難於措詞遲遲無以應也後軍務既竣乃得一詩化成遺像江浙兩省幾於家置一幀後將軍在石門途次遇化成喪歸福建士民頗有路祭者或勸將軍往弔以激厲將士之心將軍不屑也附題陳軍門遺像詩戰甬江心督臣死提臣走再戰吳淞口提臣死督臣走三戰乃及

金陵城江濤寂靜噤不聲陳將軍後誰敢兵甚不見走若棄諸市死者長如生長如生尸祝編我東南詠（時余步雲已伏法牛鑑亦擬以大辟而公贈謚忠愍）

貝青喬咄咄吟卷下

畫角聲先一雁秋吳淞戰船幾沉浮綠章爭上和戎策赤幟曾無反客謀潰卒倉皇王叔援殘民潦倒避誅求傷心惟有陳驚座不負功名斷白頭（夷陷寶山縣城提督陳化成戰歿於吳淞口兩江總督牛鑑先遁退保江寧夷索五十萬金贖城比户逃亡殆盡潰卒沿村劫掠尤甚於夷）談虎何人讀豹韜斬蛟今日力能操一軍盡潰增溝壘百里劉河駐節旄我軍疲瘠生可託爾牛觳觫死曾逃世間惟有沙場血成就功成上戰袍

吳嵰　吳淞口（轉引自潰癰流毒）

妖氛海溢起砲火聲連危哉吳淞口生靈護萬千或以護撫進或以議和將軍性最果戰守志弥堅擊賊碎賊首追賊沉賊船相持辰至酉惟見塵與烟所期援兵疾援兵久遷延所期戰士奮戰士苦顛連孤軍嗟枵腹隻身持空拳精誠搖五岳慷慨赴重泉怒氣仍

勃發血痕轉明鮮死生同一轍忠義能兼全綸綸宸陛錫節槪雪碑鐫奕葉繼簪組

千秋陳豆籩冠劍無復覩幡幢有時還神靈常不沒保障頌年年

謝蘭生思忠錄類選卷上第二葉吳淞口江南軍門陳化成死之

千聲萬聲敵火急火光照海海水赤將軍一人當火立衆人爭請將軍行將軍竟行誰守城棄城而去何顏生此時欲戰兵已潰敵則能不能退除死以外更無計一火忽中將軍肩棠公百尺灰飛烟英魂烈魄上九天將軍雖死抱餘恥殺敵方能報天子臣功在生不在死今以一死蒙恩深褒忠猶自愧綸音是在之節非臣心

金和來雲閣詩陳忠愍公死事詩

道光二十二年夏五月英夷入吳淞官軍潰大帥死督師某以下至縣簿尉皆走不知所之是爲寶山被夷難始難已得城內外女子死尤烈者凡十有一人烈婦陳夫故隸也夷登岸婦病其夫委而去之俄聞一夷排闥下自扼其項死夷 于潘鹿系若無論齒稺長楊氏年六十矣聞他舍呼聲甚異乃縊潘某居北鄉聞變獨與其婦竄叢莽追者至驚逸婦從而奔前阻

大溪躍以沒胡鳳來者士族也娶于陳燕婉相得甫免身勸之行泣而言曰俱生也難妾死君生妾猶生妾生君死能獨生乎君其行矣遂沉於淵浦東顧氏其夫自外至夷持槍逼擊之婦疾呼走走聲未絕斃於火田氏夫役於官恒獨居夷入室拒以免已而嘆曰余固知求生而得生義弗可也夫繩約喉格格死而田登五之婦亦獨居夷至入于井出之縊二日事皆述于其鄰之口係目擊云李嫗者徙無鄉居無　篤老固求死夷過其門則詈曰女奚為猶有國法將寸磔女夷怒手拂之僮仆死張綸綬告余曰噫吾女弟死矣女弟有至性矣弗嫁以事吾母君之所知也難作挈之行弗許比返出其尸于井如生君如不朽之庶塞吾之悲也夫張與余家舊戚故云然余敬諾吳淞口一女子死于途貌都髮若漆血流滿顱審視之衵服結束完好無他狀里居姓氏無知者當城失守時一婦人忽作狂叫環守弗能制扃其戶去他日或覘焉赫然縣于梁蓋與夫之妻也此在當時隨所聞郎記之恐不止是願同志者采訪輯錄告之當事闡幽表微士君子之責也

蔣敦復嘯古堂文集卷六第二十八葉書寶山列女死夷難本末

十數餘年其間莫大之禍莫如道光二十二年五月初八英夷攻破吳淞營城中紛紛逃難予亦避居漕涇西談生蘊卿家城中幸有練廷璜邑尊勤儉守城撫夷約束未遭漢奸破城然城中寂寂無人如新年中自從未見也

王汝丰馥芬居日記第十一葉

壬寅十二歲夷寇江蘇五月八日戰於吳淞我軍敗績提督陳化成死之制軍牛鑑遁陷上海寶山嘉城一日數驚居民奔徙四伯携眷避西南鄉談家村李母從之越日李母携兒避王家村村有邵烈侯者性慷慨有俠氣先君嘗館其家至往依焉邵留同住李母不欲備房舍以居七月及夷人平徙歸

王文思恕堂存稿王安甫年譜手編自題

二十二年五月英吉利輪船駛進吳淞口初八日攻西砲台化成死之初八日西船排陣衝入化成登西砲台對壘轟擊三時許擊傷輪船二大兵船五殲西兵數百人敵計窘欲退者時總督牛鑑駐城中得捷音帶兵至城南之教場敵從檣頭望見架飛砲擊之鑑急令守小沙背

之徐州總兵王志元赴援而志元亡率所部先遁鑑亦西退敵見我兵內潰聯艘攻西砲台鉛丸雨集化成身受重傷伏地嘔血而卒部下武進士劉國標負之以走匿蘆葦中從死者惟松江營守備韋印福千總錢金玉把總許外委許攀桂徐大華內黃營外委姚雁宇吳淞營把總龔曾齡等七人是日城陷知縣周恭壽退居羅店

梁蒲貴等光緒寶山縣志卷六兵制

附註本節應移同治上海縣志資料之後

同文書庫·厦門文獻系列

第一輯

壹　王步蟾　小蘭雪堂詩集

貳　張茂椿　固哉叟詩集　寄傲山房詩鈔
　　翁吉人

叁　蘇大山　紅蘭館詩鈔

肆　沈琇瑩　寄傲山館詞稿　壺天吟

伍　林爾嘉　林菽莊先生詩稿

陸　李禧　夢梅花館詩鈔

柒　余謇　寶瓠齋襍稿（外三種）

捌　蘇警子　甲子雜詩合刊　菲島雜詩　海外集
　　謝雲聲

玖　羅丹　稚華詩稿

拾　徐原白　同聲集

第二輯

壹　謝祐　賦月山房尺牘

貳　黄瀚　禾山詩鈔

叁　邱煒萲　揮麈拾遺

肆　林爾嘉　頑石山房筆記　紫燕金魚室筆記
　　李禧

伍　蘇逸雲　臥雲樓筆記

陸　陳延謙　止園詩集　鐵菴詩存
　　劉鐵菴

柒　陳桂琛　陳丹初先生遺稿（外一種）

捌　賀仲禹　繡鐵盦叢集　繡鐵盦聯話

玖　蘇警子　二菴手札

拾　虞愚　虚白樓詩

同文書庫·厦門文獻系列

第三輯

- 壹　胡　鉉　椽筆樓初集
- 貳　吳錫璜　吳瑞甫家書（外一種）
- 叁　邱煒萲　菽園贅談
- 肆　蘇逸雲　臥雲樓雜著
- 伍　蘇警予　曠劫集
- 陸　黄伯遠　莊克昌　紅葉草堂筆記　感舊録
- 柒　葉長青　松柏長青館詩
- 捌　海天吟社　鷺江梅社　海天吟社詩存　鷺江乙組梅社吟草
- 玖　林爾嘉　菽莊叢刻（外二種）
- 拾　陳桂琛　近代七言絶句初續集

第四輯

- 壹　吳葆年　吳兆荃　繪秋樓詩鈔　小梅詩存
- 貳　吕　澂　介石山房詩稿（外一種）
- 叁　邱煒萲　嘯虹生詩鈔
- 肆　李維修　寸寸集（外一種）
- 伍　沈觀格　拙廬談虎集
- 陸　江　煦　草堂别集　圭海集
- 柒　謝雲聲　靈簫閣謎話初集
- 捌　曾兆鼇　玉屏書院課藝
- 玖　林爾嘉　菽莊小蘭亭徵文録　鷺江泛月賦選
- 拾　江　煦　鷺江名勝詩鈔

同文書庫·厦門文獻系列

第五輯

壹　黄家鼎　馬巷集

貳　邱煒萲　五百石洞天揮麈（上册）

　　邱煒萲　五百石洞天揮麈（下册）

叁　李焜焜　懷谿樓詩稿（外一種）

肆　楊紹丞　壬申重陽集　虎溪踏青集

伍　蘇玉如　劫後餘吟

　　陳佩真

陸　蘇警予　厦門指南

　　謝雲聲

柒　茅樂楠　新興的厦門（外一種）

捌　吴雅純　厦門大觀

玖　陳世鎔　陳化成抗英事略